プリント形式のリアル過去問で本番の臨場感！

岐阜県 鷲谷中学校

2025年春受験用

解答集

本書は，実物をなるべくそのままに，プリント形式で年度ごとに収録しています。
問題用紙を教科別に分けて使うことができるので，本番さながらの演習ができます。

■ 収録内容

・解答集（この冊子です）

　　書籍ID番号，この問題集の使い方，最新年度実物データ，リアル過去問の活用，
　　解答例と解説，ご使用にあたってのお願い・ご注意，お問い合わせ

・2024(令和6)年度 〜 2021(令和3)年度　学力検査問題

JN132617

○は収録あり	年度	'24	'23	'22	'21
■ 問題収録		○	○	○	○
■ 解答用紙		○	○	○	○
■ 配点					

算数に解説
があります

注)国語問題文非掲載:2023年度の二

問題文の非掲載につきまして

　著作権上の都合により，本書に収録している過去入試問題の本文の一部を掲載しておりません。ご不便をおかけし，誠に申し訳ございません。
　本文の一部を掲載できなかったことによる国語の演習不足を補うため，論説文および小説文の演習問題のダウンロード付録があります。弊社ウェブサイトから書籍ID番号を入力してご利用ください。
　なお，問題の量，形式，難易度などの傾向が，実際の入試問題と一致しない場合があります。

K 教英出版

■ 書籍ID番号

入試に役立つダウンロード付録や学校情報などを随時更新して掲載しています。
教英出版ウェブサイトの「ご購入者様のページ」画面で，書籍ID番号を入力してご利用ください。

書籍ID番号　**102420**

（有効期限：2025年9月30日まで）

【入試に役立つダウンロード付録】
「要点のまとめ（国語／算数）」
「課題作文演習」ほか

■ この問題集の使い方

年度ごとにプリント形式で収録しています。針を外して教科ごとに分けて使用します。①片側，②中央
のどちらかでとじてありますので，下図を参考に，問題用紙と解答用紙に分けて準備をしましょう（解答
用紙がない場合もあります）。

針を外すときは，けがをしないように十分注意してください。また，針を外すと紛失しやすくなります
ので気をつけましょう。

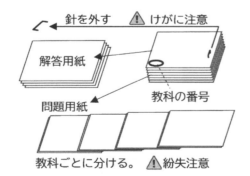

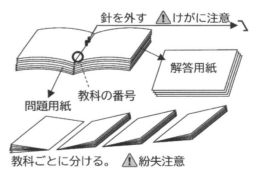

※教科数が上図と異なる場合があります。
　解答用紙がない場合や，問題と一体になっている場合があります。
　教科の番号は，教科ごとに分けるときの参考にしてください。

■ 最新年度 実物データ

実物をなるべくそのままに編集してい
ますが，収録の都合上，実際の試験問題
とは異なる場合があります。実物のサイ
ズ，様式は右表で確認してください。

問題用紙	B4片面プリント
解答用紙	B4片面プリント

リアル過去問の活用

～リアル過去問なら入試本番で力を発揮することができる～

❀ 本番を体験しよう！

問題用紙の形式（縦向き／横向き），問題の配置や余白など，実物に近い紙面構成なので本番の臨場感が味わえます。まずはパラパラとめくって眺めてみてください。「これが志望校の入試問題なんだ！」と思えば入試に向けて気持ちが高まることでしょう。

❀ 入試を知ろう！

同じ教科の過去数年分の問題紙面を並べて，見比べてみましょう。

① 問題の量

毎年同じ大問数か，年によって違うのか，また全体の問題量はどのくらいか知っておきましょう。どのくらいのスピードで解けば時間内に終わるのか，大問ひとつにかけられる時間を計算してみましょう。

② 出題分野

よく出題されている分野とそうでない分野を見つけましょう。同じような問題が過去にも出題されていることに気がつくはずです。

③ 出題順序

得意な分野が毎年同じ大問番号で出題されていると分かれば，本番で取りこぼさないように先回りして解答することができるでしょう。

④ 解答方法

記述式か選択式か（マークシートか），見ておきましょう。記述式なら，単位まで書く必要があるかどうか，文字数はどのくらいかなど，細かいところまでチェックしておきましょう。計算過程を書く必要があるかどうかも重要です。

⑤ 問題の難易度

必ず正解したい基本問題，条件や指示の読み間違いといったケアレスミスに気をつけたい問題，後回しにしたほうがいい問題などをチェックしておきましょう。

❀ 問題を解こう！

志望校の入試傾向をつかんだら，問題を何度も解いていきましょう。ほかにも問題文の独特な言いまわしや，その学校独自の答え方を発見できることもあるでしょう。オリンピックや環境問題など，話題になった出来事を毎年出題する学校だと分かれば，日頃のニュースの見かたも変わってきます。

こうして志望校の入試傾向を知り対策を立てることこそが，過去問を解く最大の理由なのです。

❀ 実力を知ろう！

過去問を解くにあたって，得点はそれほど重要ではありません。大切なのは，志望校の過去問演習を通して，苦手な教科，苦手な分野を知ることです。苦手な教科，分野が分かったら，教科書や参考書に戻って重点的に学習する時間をつくりましょう。今の自分の実力を知れば，入試本番までの勉強の道すじが見えてきます。

❀ 試験に慣れよう！

入試では時間配分も重要です。本番で時間が足りなくなってあわてないように，リアル過去問で実戦演習をして，時間配分や出題パターンに慣れておきましょう。教科ごとに気持ちを切り替える練習もしておきましょう。

❀ 心を整えよう！

入試は誰でも緊張するものです。入試前日になったら，演習をやり尽くしたリアル過去問の表紙を眺めてみましょう。問題の内容を見る必要はもうありません。どんな形式だったかな？受験番号や氏名はどこに書くのかな？…ほんの少し見ておくだけでも，志望校の入試に向けて心の準備が整うことでしょう。

そして入試本番では，見慣れた問題紙面が緊張した心を落ち着かせてくれるはずです。

※まれに入試形式を変更する学校もありますが，条件はほかの受験生も同じです。心を整えてあせらずに問題に取りかかりましょう。

―――――《国 語》―――――

一 問一．a．宣伝 b．機会 c．乱暴 d．究極 e．異議 問二．からだろう。 問三．カ
問四．まずは大事な逃げ道を確保 問五．ウ 問六．自分は好きだけど、人それぞれだから気に入らない人も
いるかもね 問七．「もにょる」という言葉の特性に対する反論を示している 問八．発信者が匿名の場合、
発信者は透明人間のような存在となり、反論されなくなるから。（下線部は批判の矛先が向かでもよい）
問九．「対象を漠然と否定したい」が責任は取りたくない時に用いる「もにょる」という言葉を否定したいのに、
同じく逃げ道を確保した言い方である「自分的にはちょっと苦手かも」という言葉を用いては否定したことになら
ないから。

二 問一．A．イ B．ウ C．ア 問二．a．イ b．イ 問三．① 問四．さいしょ久 問五．ハ，ニ
問六．兵太郎君と遊ぼうと誘っても断られていた中で、兵太郎君がおこって自分に向かってくれば、とっくみ合い
ができることになるから。 問七．ウ 問八．久助君がとっくみ合いに夢中になって、時間の経過も忘れてい
たこと。 問九．わたしがよ～あるものだ 問十．エ

―――――《算 数》―――――

1 (1)① 6 ②1.12 ③$\frac{4}{5}$ ④$\frac{1}{2}$ (2)20 (3)①16 ②4.56 (4)2204.8 (5)90 (6)7割5分

2 (1)80 (2)20 (3)40

3 (1)10 (2)11 (3)4：1

4 (1) 9 (2)54 (3)15

5 (1)13 (2)64 (3)670

6 (1)45 (2) 4 (3) 8

―――――《理 科》―――――

1 問1．(1)ウ (5)ア 問2．(2)ア (3)イ 問3．ウ 問4．高緯度の寒い地域では，夏や秋が短いうえ，気温
が冬に向けて急激に低下するため，短日植物は冬までに種子を形成する時間的余裕がなく，繁殖に不利であるため。
問5．オ

2 問1．(1)341 (2)1.17 問2．(1)0.61 (2)343.7

3 問1．(1)蒸発 (2)気 (4)固 問2．ウ 問3．水が凍って固体の氷になるとき，体積が大きくなるため。
問4．24 問5．エ，オ

4 問1．イ 問2．ウ 問3．イ 問4．カ 問5．ウ 問6．ア，イ

―――――――――――――― 《社　会》 ――――――――――――――

1 　問１．イ　　問２．カ　　問３．(1)ウ　(2)カ　　問４．岐阜県，神奈川県　　問５．(1)ウ　(2)エ

2 　問１．(1)原油〔別解〕石油　(2)イスラム教　　問２．(1)本初子午線　(2)17：00〔別解〕午後５：00　(3)ロンドンか
　　らドバイへは偏西風により追い風となるから。

3 　問１．イ　　問２．ウ　　問３．大志　　問４．(1)ウ　(2)群馬県　(3)イ　　問５．オ　　問６．ア，イ
　　問７．イ→ウ→ア→エ　　問８．ア　　問９．調　　問10．ア　　問11．(1)エ　(2)記号…Ｄ　地名…台湾
　　問12．国際連盟

4 　問１．三権分立　　問２．Ａ．エ　Ｂ．イ　Ｃ．カ　　問３．イ　　問４．少子高齢化によって子どもの数が少な
　　くなり，有権者の割合が増えたから。　　問５．(1)ウ　(2)ア

1 (1)① 与式＝12÷（9＋7×3－28）＝12÷（9＋21－28）＝12÷2＝**6**

② 与式＝3＋0.12－2＝**1.12**

③ 与式＝$(\frac{1}{1}-\frac{1}{2})+(\frac{1}{2}-\frac{1}{3})+(\frac{1}{3}-\frac{1}{4})+(\frac{1}{4}-\frac{1}{5})＝1-\frac{1}{5}＝\frac{4}{5}$

④ 与式＝$\{2-\frac{6}{7}÷(\frac{1}{3}×\frac{9}{2})\}×\frac{7}{5}×\frac{1}{4}＝(2-\frac{6}{7}÷\frac{3}{2})×\frac{7}{20}＝(2-\frac{6}{7}×\frac{2}{3})×\frac{7}{20}＝(2-\frac{4}{7})×\frac{7}{20}＝\frac{10}{7}×\frac{7}{20}＝\frac{1}{2}$

(2) 【解き方】電車が鉄橋をわたり始めてからわたり終わるまでに，

電車は，（鉄橋の長さ）＋（電車の長さ）だけ進む（右図参照）。

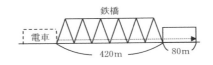

鉄橋

90km＝90000mだから，90000÷60÷60＝25より，電車は秒速25m

で走る。電車が420＋80＝500（m）走るのにかかる時間を求めるの

で，求める時間は，500÷25＝**20（秒）**

(3)① 【解き方】右のように作図する。正方形ＡＦＧＥの内部の色のついた部分

の面積の合計を求め，それを4倍すればよい。

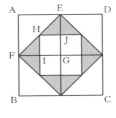

四角形ＡＦＧＥは1辺が8÷2＝4（cm）の正方形である。

三角形ＥＦＧの面積は正方形ＡＦＧＥの面積の$\frac{1}{2}$だから，$4×4×\frac{1}{2}＝8$（cm²）

Ｉ，Ｊはそれぞれ ＦＧ，ＥＧの真ん中の点だから，ＩＧ＝ＪＧ＝4÷2＝2（cm）

正方形ＨＩＧＪの面積は，2×2＝4（cm²）だから，求める面積は，（8－4）×4＝**16（cm²）**

② 【解き方】2番目に大きい正方形を回転させて右図の太線のようにすると，

①の図1で2番目に大きい正方形と合同だとわかる。したがって，図2で3番目に

大きい正方形の1辺の長さは，①より2×2＝4（cm）である。

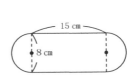

一番小さい円は直径が4cm（半径2cm）であり，一番小さい正方形は対角線の長さが

4cmである。よって，色のついた部分の面積は，2×2×3.14－4×4÷2＝**4.56（cm²）**

(4) 【解き方】高さ10cmまでの部分は右図の図形を底面とする柱体である。

15cm

8cm

右図の面積は，4×4×3.14÷2×2＋8×15＝16×3.14＋120（cm²）

したがって，下部の立体の体積は，（16×3.14＋120）×10＝160×3.14＋1200（cm³）

上部の円柱の体積は，4×4×3.14×（20－10）＝160×3.14（cm³）

よって，求める体積は，（160×3.14＋1200）＋160×3.14＝320×3.14＋1200＝**2204.8（cm³）**

(5) 【解き方】サイドメニューをＡ，Ｂ，Ｃ，Ｄとすると，サイドメニューの選び方は，ＡとＢ，ＡとＣ，Ａと

Ｄ，ＢとＣ，ＢとＤ，ＣとＤの6通りある。

ハンバーガーの選び方が3通り，サイドメニューの選び方が6通り，ドリンクの選び方が5通りあるから，全部で，

3×6×5＝**90（通り）**

(6) 成功したシュートの割合は，6÷（6＋2）＝0.75だから，歩合で求めると**7割5分**である。

2 (1) 角ＡＣＢ＝角ＡＢＣ＝50°だから，⑧の角の大きさは，180°－50°－50°＝**80°**

(2) 三角形ＡＣＤは正三角形だからＡＣ＝ＡＤなので，三角形ＡＢＤはＡＢ＝ＡＤの二等辺三角形になる。

角ＢＡＤ＝角ＢＡＣ＋角ＣＡＤ＝80°＋60°＝140°だから，◎の角の大きさは，（180°－140°）÷2＝**20°**

(3) 【解き方】三角形の1つの外角は，これととなりあわない2つの内角の和に等しいことを利用する。

三角形ＡＥＤは，ＥＭを対称の軸とする線対称な図形だから，角ＤＡＥ＝角ＡＤＢ＝20°

三角形ＡＥＤにおいて，三角形の外角の性質より㋒の大きさは，20°＋20°＝**40°**

3 【解き方】食塩水の問題は，うでの長さを濃度，おもりを食塩水の重さとした
てんびん図で考えて，うでの長さの比とおもりの重さの比がたがいに逆比になる
ことを利用する。

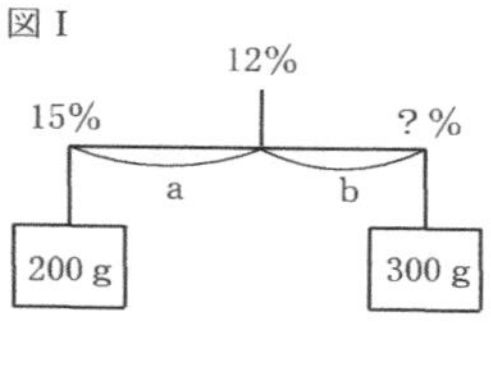

(1) 図Ⅰのてんびん図で，a：bは，食塩水の量の比である200：300＝2：3の
逆比になるので，a：b＝3：2となる。a＝15−12＝3（％）だから，
b＝3×$\frac{2}{3}$＝2（％）　よって，食塩水Ｂの濃度は，12−2＝**10（％）**

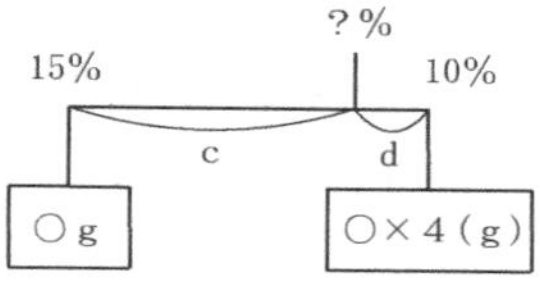

(2) 混ぜる食塩水Ａの重さを○gとする。図Ⅱのてんびん図で，c：dは，
食塩水の量の比である1：4の逆比になるので，c：d＝4：1となる。
c＋d＝15−10＝5（％）だから，d＝（c＋d）×$\frac{d}{c+d}$＝5×$\frac{1}{4+1}$＝1（％）
よって，求める濃度は，10＋1＝**11（％）**

(3) 混ぜる食塩水Ａの重さを△g，食塩水Ｂの重さを□gとする。図Ⅲのてん
びん図で，e：f＝（15−14）：（14−10）＝1：4であり，△：□は，e：fの
逆比になるので，△：□＝**4：1**である。

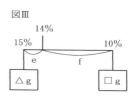

図Ⅰ

図Ⅱ

図Ⅲ

4 【解き方】かみ合っているすべての歯車において，歯の数の比と回転数の比は
たがいに逆比になる。

(1) 歯車Ａと歯車Ｂの歯の数の比は72：40＝9：5だから，回転数の比は5：9になる。
よって，歯車Ｂは，5×$\frac{9}{5}$＝**9（回転）**する。

(2) 歯車Ａと歯車Ｃの回転数の比は18：24＝3：4だから，歯の数の比は4：3になる。
よって，歯車Ｃの歯の数は，72×$\frac{3}{4}$＝**54**である。

(3) 【解き方】歯車Ｂの回転数は歯車Ａよりも5＋7＝12（回）多い。

歯車Ａと歯車Ｂの回転数の比は，(1)より5：9になる。この比の数の9−5＝4が12回にあたるので，歯車Ａは
12×$\frac{5}{4}$＝**15（回転）**する。

5 【解き方】1，1，｜1，3，3，1，｜1，3，5，5，3，1，｜1，3，5，7，7，5，3，1，｜…
のようなグループに区切り，左から順に第1群，第2群，第3群，第4群，…とする。第n群では，1から連続す
る奇数がn個並んだ後，同じ並びが逆にくり返される。

(1) それぞれの群における数の個数は，第1群が2個，第2群が4個，第3群が6個，…と，連続する偶数になっ
ている。2＋4＋6＋8＋10＋12＝42より，第6群の最後の数が42番目である。第7群ではまず，1から連続
する奇数が7個並ぶ。よって，43番目の数から順に，1，3，5，7，9，11，13，<u>13</u>，11，…となるから，
50番目の数は**13**である。

(2) 15は小さい方から8番目の奇数だから，第8群の8番目の数としてはじめて出てくる。

(1)より，第7群の最後の数が42＋14＝56（番目）だから，15がはじめて出てくるのは，56＋8＝**64（番目）**

(3) 【解き方】1＝1×1，1＋3＝4＝2×2，1＋3＋5＝9＝3×3のように，1から連続する奇数を足
していくと，n番目の奇数まで足したときの和がn×nになることを利用する。

(2)より，第8群の最後の数が56＋16＝72（番目），第9群の最後の数が72＋18＝90（番目）だから，100番目の数は
第10群の100−90＝10（番目）の数である。

各群の数の和は，第1群が（1×1）×2，第2群が（2×2）×2，第3群が（3×3）×2，…と表せるので，

第 9 群までの数の和は，

$(1 \times 1 + 2 \times 2 + 3 \times 3 + \cdots\cdots + 9 \times 9) \times 2 = (1 + 4 + 9 + 16 + 25 + 36 + 49 + 64 + 81) \times 2 = 570$ となる。

第 10 群の最初の 10 個の数の和は，$10 \times 10 = 100$ だから，はじめから 100 番目までの数の合計は，$570 + 100 = $**670**

6　(1)　$2024 + 1 = 3 \times 3 \times 3 \times 3 \times 5 \times 5 = (3 \times 3 \times 5) \times (3 \times 3 \times 5) = 45 \times 45$ より，**45 cm** である。

(2)　**【解き方】**$2024 = 2 \times 2 \times 2 \times 11 \times 23$ となる。自分が受験する年度の西暦を素数の積で表した式は，暗記しておくこと。

縦の長さと横の長さはどちらかが奇数だから，11 cm か 23 cm である。23 cm ならば，$2024 = (2 \times 2) \times (2 \times 11) \times 23 = 4 \times 22 \times 23$ とできるので，条件に合う。よって，直方体の高さは**4 cm**である。

(3)　**【解き方】**立方体Ａ，Ｂの 1 辺の長さを〇cm，立方体Ｃの 1 辺の長さを□cm とし，$2024 = 〇 \times 〇 \times 〇 \times 2 + □ \times □ \times □$ となる〇，□を考える。2024 と〇×〇×〇×2 は偶数だから，□×□×□も偶数となり，□が偶数であるとわかる（偶数を 3 つかけてできる数については，右表を参照）。

$14 \times 14 \times 14 = 2744$
$12 \times 12 \times 12 = 1728$
$10 \times 10 \times 10 = 1000$
$8 \times 8 \times 8 = 512$
$6 \times 6 \times 6 = 216$
$4 \times 4 \times 4 = 64$

□×□×□が 2024 をこえない最大の□を探すと，12 が見つかる。

$2024 - 12 \times 12 \times 12 = 2024 - 1728 = 296$ だから，〇×〇×〇は $296 \div 2 = 148$ 以上である。したがって，〇は 6 以上である。条件に合うのは，〇＝8，□＝10 のときで，$2024 = 512 \times 2 + 1000$ となるから，立方体Ａの 1 辺の長さは**8 cm**である。

═══════ 《国　語》 ═══════

一 問一．a．浴　b．危険　c．容易　d．感応　e．いとな　問二．A　問三．ⅴ　問四．（〝）差別な
どしない自分らしさ（〟）　問五．（「）みんなでジェンカを踊ること（」）　問六．ウ　問七．自分の信じる正
義以外受け入れようとしないもの。　問八．〝判断停止〟状態　問九．この拳法を正しく使いこなすためには、
〝プニプニのこころ〟つまり「やわらかいこころ」を持っていなければならないから。

二 問一．ⅰ　エ　ⅱ　エ　問二．Ⅰ　複雑　Ⅱ　得意〔別解〕得手　問三．A．ウ　B．イ　C．エ
　　D．ア　問四．ハモニカの音を聞かせて自分がここまで来たことを知らせ、ともに遊ぼうとする思い。
　　問五．X．頑張っても～さんあった　Y．でもあなた～んじゃない　Z．生きていれ～こともある
　　問六．揺さぶられるこころ　問七．情緒豊かな子どもに育つ　問八．本を通して、支えられたり、励まされた
　　り、こころをあたためられたりする関係。　問九．ウ

═══════ 《算　数》 ═══════

1 (1)①12　②8　③$\frac{3}{10}$　④71　(2)16　(3)81　(4)150　(5)15.25　(6)50　(7)9
2 (1)266　(2)138　(3)108
3 (1)B，15880　(2)38　(3)18，83
4 (1)$7 \times 17 \times 17$　(2)9　(3)5
5 (1)4　(2)10　(3)$10\frac{1}{2}$
6 (1)35　(2)50　(3)30

═══════ 《理　科》 ═══════

1 問１．カ　問２．イ　問３．ア　問４．ウ　問５．ア，イ，エ　問６．食物連鎖
2 問１．(1)カ　(2)オ　(3)イ　問２．(1)20　(2)65　問３．(1)20　(2)15
3 問１．ア　問２．11.3　問３．イ→ア→エ→ウ→オ　問４．3360　問５．40
4 問１．ア　問２．B．ウ　C．イ　問３．D．エ　E．ア　問４．イ　問５．ウ→ア→エ→イ

═══════ 《社　会》 ═══════

1 問１．ウ　問２．オ　問３．豊富な水資源があり，原料となる木材も供給しやすいから。　問４．エ
　　問５．河川名…神通川　公害名…イタイイタイ病　問６．さいたま市　問７．ウ　問８．イ
　　問９．扇状地　問10．(1)輪中　(2)交番　(3)南東　(4)エ
2 問１．(1)イ　(2)ポツダム宣言　問２．(1)犬山　(2)エ　問３．(1)六波羅探題　(2)後鳥羽上皇　(3)将軍が御家人に
　　領地の所有を認める御恩と，御家人が将軍のために戦いに加わる奉公で結ばれた主従関係。　問４．ウ
　　問５．(1)ウ　(2)ア　問６．(1)Ⅰ→Ⅲ→Ⅱ　(2)ア　問７．エ
3 問１．イ　問２．エ　問３．ア　問４．ウ　問５．ウ　問６．ア　問７．発電方法…風力発電
　　理由…発電の際に，二酸化炭素を排出しないから。　問題点…発電量が天候に左右されるので，電力供給が不安定
　　であること。

1　(1)① 与式＝$(23-13+14)\times\frac{1}{8}\times 4=24\times\frac{1}{2}=$**12**

② 与式＝$(0.9+0.7)\times 5=1.6\times 5=$**8**

③ 与式＝$\frac{10}{3}\times\frac{9}{14}\times\frac{7}{20}\div\frac{25}{10}=\frac{10}{3}\times\frac{9}{14}\times\frac{7}{20}\times\frac{2}{5}=\frac{3}{10}$

④ 与式＝$120\times\frac{1}{2}+120\times\frac{2}{3}-120\times\frac{3}{8}-120\times\frac{1}{5}=60+80-45-24=$**71**

(2)　12分＝$\frac{12}{60}$時間＝$\frac{1}{5}$時間より，$80\times\frac{1}{5}=$**16**（km）進む。

(3)　【解き方】（平均点）×（科目数）＝（合計点）となることを利用する。

国語と算数の合計点は$74\times 2=148$（点），算数と社会の合計点は$75\times 2=150$（点），理科と社会の合計点は
$82\times 2=164$（点）だから，国語，算数，理科，社会の合計点が$148+164=312$（点）となり，国語と理科の合計点が
$312-150=162$（点）である。よって，国語と理科の平均点は，$162\div 2=$**81**（点）である。

(4)　【解き方】1日目の残りは全体の$1-\frac{1}{5}=\frac{4}{5}$，2日目の残りは1日目の$1-\frac{1}{3}=\frac{2}{3}$だから，3日目に残った
ページは全体の$\frac{4}{5}\times\frac{2}{3}=\frac{8}{15}$である。

求めるページ数は，$80\div\frac{8}{15}=$**150**（ページ）

(5)　【解き方】色のついた部分の面積は，4つの円の面積の和からひし形の面積を引いた値(あたい)に等しい。

4つの円の面積は，半径が$6\div 2\div 2=1.5$（cm）の円と$8\div 2\div 2=2$（cm）の円2つずつの面積だから，
$1.5\times 1.5\times 3.14\times 2+2\times 2\times 3.14\times 2=(4.5+8)\times 3.14=39.25$（cm²）

ひし形の面積は$6\times 8\div 2=24$（cm²）

よって，求める面積は$39.25-24=$**15.25**（cm²）

(6)　容器の容積のうち，水が入っていない部分の容積は$10\times 15\times 20-10\times 15\times 15=10\times 15\times(20-15)=750$（cm³）である。よって，こぼれた水の体積は$800-750=$**50**（cm³）である。

(7)　【解き方】4人をA，B，C，Dとし，それぞれのプレゼントをa，b，c，dとしたとき，自分で用意したプレゼントは受け取れないから，樹形図をかくと右図のようになる。

右の樹形図より，プレゼントの受け取り方は**9**通りである。

2　(1)　1ポンド＝150円だから，$40000\div 150=266.6\cdots$より，**266**ポンドである。

(2)　1ドル＝130円だから，1ポンド＝$\frac{150}{130}$ドル＝$\frac{15}{13}$ドルである。よって，
120ポンド＝$(120\times\frac{15}{13})$ドル＝$138.4\cdots$ドルより，**138**ドルである。

(3)　5980円＝$(5980\div 130)$ドル＝46ドルである。よって，2年前は46ドル＝5000円で両替(りょうがえ)されていたことになるので，1ドルは$5000\div 46=108.6\cdots$より，**108**円である。

3　(1)　Aの方法で買う場合の金額は，$800\times(1-0.1)\times 20+3000=17400$（円）

Bの方法で買う場合の金額は，$800\times(1-0.07)\times 20+1000=15880$（円）

Cの方法で買う場合の金額は，$800\times 20=16000$（円）

よって，Bの買い方が一番安く，金額は**15880**円である。

(2)　【解き方】商品1個の金額はAの買い方では720円，Cの買い方では800円だから，1個あたりの差額は
$800-720=80$（円）である。

Aの買い方の方がCの買い方より安くなるのは，それぞれの買い方での商品の差額の合計が会費の3000円をこえ

るときである。よって，$3000 \div 80 = 37.5$（個）より，求める個数は **38個以上**である。

(3) 【解き方】(2)の解説をふまえて，Bの買い方がAの買い方より安くなる個数と，Bの買い方がCの買い方より安くなる個数をそれぞれ求める。Bの商品1個の金額は744円である。

AとBの商品1個あたりの差額は $744 - 720 = 24$（円）である。よって，Aの買い方がBの買い方より安くなる個数は，商品の差額が $3000 - 1000 = 2000$（円）をこえる個数だから，$2000 \div 24 = 83.3\cdots$ より84個以上である。よって，Bの買い方の方が安くなるのは83個以下のときである。

BとCの商品1個あたりの差額は $800 - 744 = 56$（円）である。よって，Bの買い方がCの買い方より安くなる個数は，商品の差額が1000円をこえる個数だから，$1000 \div 56 = 17.8\cdots$ より18個以上である。

したがって，求める個数は **18個から83個**である。

[4] (1) 右の筆算より，$2023 = 7 \times 17 \times 17$ である。

$$\begin{array}{r} 7\,)\underline{2023} \\ 17\,)\underline{289} \\ 17 \end{array}$$

(2) 【解き方】2023から引ける数のうち最大の数でくり返し引き算をしていく。

$2023 - 1024 = 999$，$999 - 512 = 487$，$487 - 256 = 231$，$231 - 128 = 103$，$103 - 64 = 39$，$39 - 32 = 7$，

$7 - 4 = 3$，$3 - 2 = 1$ となる。よって，$2023 = 1 + 2 + 4 + 32 + 64 + 128 + 256 + 512 + 1024$ となるので，

9個である。

(3) 【解き方】$2187 - 2023 = 164$ より，$2023 = 2187 - 164$ だから，164を問題中の数を用いて表す。

問題中にある1から729にある数のうち，2つの数を用いて164に近い数を作ると，$243 - 81 = 162$ が見つかる。

よって，$162 + 3 = 165$，$165 - 1 = 164$ となるから，これらの式を逆にたどると，

$164 = 165 - 1 = 162 + 3 - 1 = 243 - 81 + 3 - 1$ となる。したがって，$2023 = 2187 - (243 - 81 + 3 - 1) = 2187 - 243 + 81 - 3 + 1$ となるので，**5個**である。

[5] (1) 【解き方】1からnまでの連続する整数の和は，$\dfrac{n \times (n+1)}{2}$ で求められることを利用する。

7列目の分数の和は，$\dfrac{1}{7} + \dfrac{2}{7} + \cdots + \dfrac{7}{7} = \dfrac{1}{7} \times (1 + 2 + \cdots + 7) = \dfrac{1}{7} \times \dfrac{7 \times 8}{2} = 4$

(2) 【解き方】1列目の分数の和は1，2列目の数の和は $\dfrac{3}{2} = 1 + \dfrac{1}{2} \times 1$，7列目の分数の和は $4 = 1 + \dfrac{1}{2} \times 6$ と表されるから，分数の和は1列増えるごとに $\dfrac{1}{2}$ ずつ増えていくと考えられる。

1列目から5列目までの分数の和は，$1 + 1\dfrac{1}{2} + 2 + 2\dfrac{1}{2} + 3 = 10$

(3) 【解き方】列の区切りを｜で表し，実際にすべての数を書いて規則性を考える。

$\dfrac{1}{1}$ ｜ $\dfrac{1}{2}$，$\dfrac{2}{2}$ ｜ $\dfrac{1}{3}$，$\dfrac{2}{3}$，$\dfrac{3}{3}$ ｜ $\dfrac{1}{4}$，$\dfrac{2}{4}$，$\dfrac{3}{4}$，$\dfrac{4}{4}$ ｜ $\dfrac{1}{5}$，$\dfrac{2}{5}$，$\dfrac{3}{5}$，$\dfrac{4}{5}$，$\dfrac{5}{5}$ ｜ $\dfrac{1}{6}$，$\dfrac{2}{6}$，$\dfrac{3}{6}$，$\dfrac{4}{6}$，$\dfrac{5}{6}$，$\dfrac{6}{6}$ ｜

$\dfrac{1}{7}$，$\dfrac{2}{7}$，$\dfrac{3}{7}$，$\dfrac{4}{7}$，$\dfrac{5}{7}$，$\dfrac{6}{7}$，$\dfrac{7}{7}$ ｜ $\dfrac{1}{8}$，$\dfrac{2}{8}$，$\dfrac{3}{8}$，$\dfrac{4}{8}$，$\dfrac{5}{8}$，$\dfrac{6}{8}$，$\dfrac{7}{8}$，$\dfrac{8}{8}$ ｜ …となる。1列目から8列目までにならんでいる分数について，約分できない分数は，分母が1を除く奇数のとき，分子が1から分母より1小さい分数まですべてとなり，分母が偶数のとき，分子が奇数である分数（ただし $\dfrac{3}{6}$ は除く）となる。

分母が奇数であり，約分できない分数の和は，その列の分数の和から1を引いた値に等しいので，その和は

3列目が $2 - 1 = 1$，5列目が $3 - 1 = 2$，7列目が $4 - 1 = 3$ だから，$1 + 2 + 3 = 6$

分母が偶数であり，約分できない分数の和は，$\dfrac{1}{2} + \dfrac{1}{4} + \dfrac{3}{4} + \dfrac{1}{6} + \dfrac{5}{6} + \dfrac{1}{8} + \dfrac{3}{8} + \dfrac{5}{8} + \dfrac{7}{8} = \dfrac{1}{2} + 1 + 1 + 2 = 4\dfrac{1}{2}$

よって，求める和は $6 + 4\dfrac{1}{2} = 10\dfrac{1}{2}$

6 (1) 図 i で，三角形ＣＡＤはＣＡ＝ＤＣの二等辺三角形だから，

角ＣＡＤ＝(180°－40°)÷2＝70°

三角形ＡＢＣはＡＢ＝ＢＣの二等辺三角形だから，

角ＢＣＡ＝角ＣＡＤ＝70°　より，角ＢＣＤ＝70°－40°＝30°

また，角ＡＢＣ＝180°－70°×2＝40°

三角形ＣＰＢはＣＰ＝ＢＣの二等辺三角形だから，

角ＰＢＣ＝(180°－30°)÷2＝75°

したがって，角⑤＝75°－40°＝**35°** である。

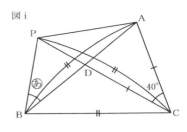
図 i

(2) 図 ii で，三角形ＣＡＤはＣＡ＝ＤＣの二等辺三角形だから，

角ＣＡＤ＝角ＡＤＣ＝(180°－40°)÷2＝70°

三角形ＡＢＣはＡＢ＝ＢＣの二等辺三角形だから，角ＢＣＡ＝70°

よって，角ＢＣＤ＝70°－40°＝30°

三角形ＢＣＰはＢＣ＝ＰＢの二等辺三角形だから，角ＣＰＢ＝30°

また，対頂角より，角ＢＤＰ＝角ＡＤＣ＝70°

よって，角ＰＢＤ＝180°－(30°＋70°)＝80°

三角形ＰＢＡはＰＢ＝ＢＡの二等辺三角形だから，角⑥＝(180°－80°)÷2＝**50°** である。

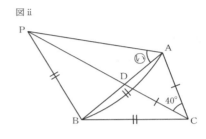
図 ii

(3) 【解き方】三角形の合同を利用する。

図 iii で，(2)と同様に求めると，角ＣＡＤ＝角ＡＤＣ＝70°

角ＢＣＤ＝30°，角ＤＢＣ＝40° となる。

対頂角より，角ＢＤＰ＝70°

三角形ＰＢＤはＰＢ＝ＢＤの二等辺三角形だから，角ＤＰＢ＝70°

三角形ＰＢＡと三角形ＤＢＣにおいて，

角ＰＢＡ＝角ＤＢＣ＝40°，ＰＢ＝ＤＢ，ＢＡ＝ＢＣだから，

三角形ＰＢＡと三角形ＤＢＣは合同な三角形である。よって，角⑤＝角ＢＣＤ＝**30°**

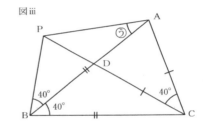
図 iii

《 国 語 》

一 問一. a. 深刻　b. 発展　c. 絶　d. 検証　　問二. A. 賛成　B. 制限　　問三. 約束を守らせる力

問四. X. ウ　Y. イ　Z. エ　　問五. ⅰ. 温室効果ガス　ⅱ. 気候変動枠組み条約　ⅲ. 京都議定書

問六. 最大だったアメリカが入らないということは、「京都議定書」の効力を大きく弱体化させてしまう意味を持つ。　　問七. 先進国だけに削減目標が課されたこと。／削減目標を達成できないと罰則が科されたこと。

問八.「国際的なさらし者制度」　　問九. 途上国全体の二酸化炭素排出量が急増し、先進国全体よりも多くなったため、「京都議定書」のように先進国だけではなく、すべての国が削減に取り組むようにする必要があったから。

二 問一. ウ　　問二. a. ウ　b. エ　　問三. イ　　問四. ウ　　問五. ウ　　問六. A. うっとり　B. 不安
C. 共感　　問七. 目の前にはっきりと浮かんでいる　　問八.（例文）今日の晩ご飯のおかずは大好物のコロッケだと期待していたら、本当にコロッケが出てきたとき。　　問九. 音痴でクラスメートに笑われるぐらいがスキがあり、人が集まってくるようになるから。　　問十. ア

《 算 数 》

1 (1)① 2　② 2　③ 37　④ $\frac{7}{16}$　(2)60　(3)20　(4)6.28　(5)右図
(6)76.56　(7)50.24

2 (1)11　(2)36　(3)38

3 (1)13770　(2)18000　(3)36

4 (1)午前0, 11, 20　(2)172　(3)80

5 (1)2893　(2)301　(3)3

6 (1)E, 3　(2)D　(3)C

《 理 科 》

1 問1. 卵…ウ　精子…エ　　問2. 子宮　　問3. ウ　　問4. 液体B…羊水　C…胎盤　　問5. イ
問6. ア

2 問1. 2.9　　問2. 8　　問3. 12.5　　問4. 250　　問5. ア

3 問1. フィラメント　　問2. イ　　問3. 右図　　問4. (1)ア, ウ　(2)① イ　② ア　③ イ

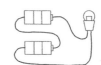

4 問1. クレーター　　問2. ウ　　問3. 38　　問4. 106　　問5. ア
問6. 太郎さんの位置…C　月…H　　問7. 月の形…エ　方角…西

─────────────────────── 《社　会》 ───────────────────────

1　問1．(1)イ　(2)あ．エ　い．キ　　問2．関門　　問3．(1)東／135　(2)ア　　問4．(例文)地震で家具が倒れて
こないように，家具を固定すべきである。　　問5．エ　　問6．(1)太平洋ベルト　(2)オ　　問7．(1)山形(県)
(2)ウ　(3)盛岡市　(4)イ

2　問1．イ　　問2．ア　　問3．イ　　問4．ア　　問5．遠浅で潮の満ち引きが大きいから。　　問6．ア
問7．カ

3　問1．記号…ア　理由…肩に切れ込みがあり，動くのに適しているから。　　問2．ア　　問3．ア　　問4．イ
問5．エ　　問6．ウ　　問7．ア

4　問1．(ア)住民投票　(イ)国民審査　(ウ)国民投票　　問2．ウ　　問3．その時期の国民の意見を反映しやすく
するため。　　問4．イ　　問5．(1)基本的人権　(2)イ　(3)エ

←解答例は前のページにありますので，そちらをご覧ください。

1 (1)① 与式＝18÷(12＋4×3－15)＝18÷(12＋12－15)＝18÷9＝2

② 与式＝0.9＋{8.1－(9－2)}＝0.9＋(8.1－7)＝0.9＋1.1＝2

③ 与式＝$\frac{5}{6}$×60－$\frac{4}{5}$×60＋$\frac{3}{4}$×60－$\frac{2}{3}$×60＋$\frac{1}{2}$×60＝50－48＋45－40＋30＝37

④ 与式＝$\left\{1－\frac{7}{20}÷\left(\frac{2}{5}×7\right)\right\}×\frac{1}{4}×2＝\left(1－\frac{7}{20}×\frac{5}{2×7}\right)×\frac{1}{2}＝\left(1－\frac{1}{8}\right)×\frac{1}{2}＝\frac{7}{8}×\frac{1}{2}＝\frac{7}{16}$

(2) 【解き方】最初にあったおかしの個数を1とすると，残ったおかしは，$1－\frac{1}{6}－\frac{3}{10}－\frac{2}{5}＝\frac{2}{15}$にあたる。

最初にあった個数の$\frac{2}{15}$が8個だから，最初にあった個数は，$8÷\frac{2}{15}＝60$(個)

(3) 【解き方】$4＝\frac{20}{5}$より大きく$9＝\frac{45}{5}$より小さい分母が5の分数のうち，分子が5の倍数ではない数を数える。

21から44までの44－21＋1＝24(個)のうち5の倍数は25，30，35，40の4個だから，求める個数は，24－4＝20(個)

(4) 【解き方】半径4㎝の円を4等分した図形の面積から，半径4÷2＝2(㎝)の半円の面積を引けばよい。

4×4×3.14÷4－2×2×3.14÷2＝(4－2)×3.14＝2×3.14＝6.28(㎠)

(5) 引いた線は立体の各辺の真ん中の点を通っている。右の

図Ⅰのように記号をおき，展開図に同じ記号をかきこむと，

図Ⅱのようになる。よって，解答例のように直線を引けばよい。

(6) 【解き方】右図の色つき部分の面積を求める。こい色の

部分を4つ合わせると半径2㎝の円になる。うすい色の部分

は縦8㎝，横2㎝の長方形である。

2×2×3.14＋8×2×4＝12.56＋64＝76.56(㎠)

(7) 【解き方】立体Lは右図①のように，立体Mは図②のようになる。

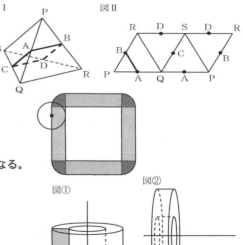

立体Lは，底面が半径4㎝の円から半径2㎝の円を除いた図形で，

高さが4㎝の柱体だから，体積は，

(4×4×3.14－2×2×3.14)×4＝(16－4)×3.14×4＝

48×3.14(㎤)

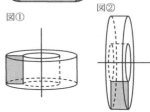

立体Mは，底面が半径6㎝の円から半径2㎝の円を除いた図形で，

高さが2㎝の柱体だから，体積は，(6×6×3.14－2×2×3.14)×2＝(36－4)×3.14×2＝64×3.14(㎤)

よって，体積の差は，64×3.14－48×3.14＝(64－48)×3.14＝16×3.14＝50.24(㎤)

2 (1) 30－20＝10(ｇ)重くするとばねが26－21＝5(㎝)のびるのだから，1ｇあたり5÷10＝0.5(㎝)のびる。20ｇ

のおもりをつるすと0.5×20＝10(㎝)のびるので，おもりをつるしていないときのばねの長さは，21－10＝11(㎝)

(2) 50ｇのおもりをつるすとばねは0.5×50＝25(㎝)のびるので，11＋25＝36(㎝)

(3) ばねの長さが30㎝になったとき，ばねは30－11＝19(㎝)のびている。よって，19÷0.5＝38(ｇ)

3 (1) 【解き方】団体料金のとき18000円で入場できる最大の人数を求めて考える。

10人以上の団体で入場するとき1人あたりの入場料は900×(1－0.1)＝810(円)となる。1人あたりの入場料が

810円のとき18000円で入場することができる最大の人数は，18000÷810＝22余り180より，22人である。

よって，23人から25人まで入場するときはオトク券を利用した方が安く，10人から22人まで入場するときは団

体料金で入場した方が安い。17人は団体料金を利用すると最も安く入場できるので，810×17＝13770(円)

(2) (1)より，23人はオトク券を利用すると最も安く入場できるので，18000円

(3) 25人はオトク券を利用すると最も安く入場できるので，オトク券を利用した残りのお金は27000－18000＝9000(円)である。団体料金は1人あたり810円だから，9000÷810＝11余り90より，残りのお金で最大11人入場することができる。よって，求める人数は，25＋11＝36(人)

4 (1) 【解き方】A寺で最初に鳴らしてから最後に鳴らすまでの時間は，40×(108－1)＝4280(秒)である。

4280÷60＝71余り20より，4280秒＝71分20秒＝1時間11分20秒だから，求める時刻は，午前0時11分20秒

(2) 【解き方】(A寺が鳴らす回数)＋(B寺が鳴らす回数)－(同時に鳴る回数)，を計算して求める。

A寺が最初に鳴らしてから最後に鳴らすまでの4280秒の間で，B寺で鐘を鳴らす回数は，4280÷50＝85余り30より，1＋85＝86(回)となる。40と50の最小公倍数は200だから，鐘は200秒ごとに同時に鳴る。

4280秒の間で同時に鳴る回数は，4280÷200＝21余り80より，1＋21＝22(回)となる。

よって，(1)で求めた時刻までに聞こえる鐘は，108＋86－22＝172(回)

(3) (2)と同様に計算する。A寺で最初に鳴らしてから50回目に鳴らすまでの時間は，40×(50－1)＝1960(秒)である。1960秒でB寺が鳴らす回数は，1960÷50＝39余り10より，1＋39＝40(回)で，1960秒で同時に鳴る回数は，1960÷200＝9余り160より，1＋9＝10(回)なので，A寺の50回目の鐘は，50＋40－10＝80(回目)に聞こえる。

5 (1) 1から1000までの整数の中で，1けたの数は1～9の9個，2けたの数は10～99の99－9＝90(個)，3けたの数は100～999の999－99＝900(個)，4けたの数は1000の1個なので，数字は全部で，

1×9＋2×90＋3×900＋4×1＝2893(個)

(2) 【解き方】Ⓐ ⒷⒸを3けたの数とし，Ⓐ，Ⓑ，Ⓒそれぞれに0～9の数字を入れれば，0～999のすべての整数を表すことができる(1は001，30は030と表す)。

Ⓒが1のときⒶ，Ⓑへの数字の入れ方はそれぞれ0～9の10通りだから，10×10＝100(個)の整数ができる。

したがって，1～999の整数において，一の位には100回数字の1が現れる。

同様に，数字の1は，十の位に10×10＝100(回)，百の位に10×10＝100(回)現れる。

1000において，千の位に1が1回現れるので，この数の列で数字の1は全部で，100×3＋1＝301(個)ある。

(3) 【解き方】(1)より，99までの整数を並べると，数字が1×9＋2×90＝189(個)並ぶ。1000個目の数字までは，あと1000－189＝811(個)である。

3けたの数は数字が3個ずつ並ぶので，811÷3＝270余り1より，3けたの数の270番目の数の次の百の位が求める数字である。3けたの数の270番目の数は，100＋270－1＝369だから，最初から1000個目の数字は370の百の位の，3である。

6 (1) 右図のように前半の2周の時点の速さの関係をまとめられる。
よって，EさんはAさんより3秒速かった。

(2) (1)より，2位の選手はDさんである。

(3) 【解き方】Bさんを基準にそれぞれの後半2周の速さを考える。

Dさんは，前半2周の時点でBさんより4秒遅く，4周を走り終えたときにBさんより1秒速かったので，後半2周はBさんより4＋1＝5(秒)速く走った。同様に考えると，後半2周の速さは，CさんはBさんより8－(3－1)＝6(秒)速く，AさんはBさんより9－(6－1)＝4(秒)速く，EさんはBさんより(8－1)－6＝1(秒)遅く走った。よって，後半の2周を一番速く走った選手はCさんである。

═══════════ 《国 語》 ═══════════

一 問一. a. 耕 b. 管理 c. 敵 d. 評価 e. 芽生 問二. A. ウ B. イ 問三. ア

問四. イ 問五. 何度も失敗しているのにあきらめず、何度でも挑戦していこうとする人間。

問六. 日本…カ 西洋…エ 問七. (一の例文)日本…高い場所に家を建てたり、家の床を高くしたりして、水が家の中に届かないようにする。 西洋…川の源流から河口まで高い堤防を造って、水があふれないようにする。

(二の例文)日本…ゆれを逃がす構造の家を建てることで、被害をできるだけ小さくする。 西洋…起こるゆれを打ち消すことができる人工のゆれを作り出す。 (三の例文)日本…防風林を作って風の強さを和らげたり、雨戸を閉めて家が壊れないようにしたりする。 西洋…気圧や進路を変える化学物質や装置を造り、台風を打ち消す。

(四の例文)日本…山の植物を手入れして崩れにくくしたり、土砂で家がつぶされないようにネットや壁を設置したりする。 西洋…崩れやすい場所をコンクリートで固めたり、削って平らにしたりする。 問八. ア，エ

二 問一. エ 問二. a. エ b. イ 問三. A. ア B. オ 問四. I. エ II. オ 問五. イ

問六. エ 問七. ウ 問八. エ 問九. 私のことを愛している姉を嫌いになんてなれるわけがないということ。 問十. 自尊心の鎧で自分を覆っている

═══════════ 《算 数》 ═══════════

1 (1)①301 ②46 ③2 ④1 (2)36 (3)4500 (4)50.24 (5)20 (6)48 (7)108

2 (1)6 (2)88 (3)10

3 (1)35 (2)5.4 (3)500

4 (1)6 (2)125000 (3)10

5 (1)46 (2)505 (3)64，5

6 (1)8160 (2)① 7，36 ②480

═══════════ 《理 科》 ═══════════

1 問1. イ 問2. 葉をやわらかくするため。 問3. A，C 問4. エ 問5. 裏 理由…裏の方がaの数が多いから。 問6. エ 問7. 花…ウ 実…ウ

2 問1. 18.7 問2. 14 問3. ビーカー／ろ紙／ガラス棒／ろうととろうと台 問4. 22 問5. 水を蒸発させる。

3 問1. ア，エ 問2. ウ，オ 問3. イ，エ 問4. ア，イ 問5. ア，エ 問6. ウ，エ，オ

4 問1. 凸 問2. 記号…イ 明るさ…5.76 問3. 目をいためないようにする。 問4. 30 問5. 40 問6. 28 問7. 76

1　問１．(1)過疎　(2)ア　　問２．地産地消　　問３．ア　　問４．揖斐川　　問５．(1)エ　(2)バチカン市国　(3)ウ
　　問６．鵜飼い　　問７．イ　　問８．安い外国の木材を輸入するようになったから。／きつい仕事にも関わらず、
　　収入が低いから。　　問９．関　　問10．エ　　問11．ハザードマップ〔別解〕防災マップ　　問12．７(つ)

2　問１．オ　　問２．(あ)ｃ　(い)ｂ　(う)ａ　(え)ｃ　(お)ｅ　　問３．Ｂ　　問４．ロシア

3　問１．Ｂ→Ｃ→Ａ→Ｄ　　問２．ア．Ｄ　イ．Ａ　　問３．近松門左衛門　　問４．書院造　　問５．古事記伝
　　問６．一揆の指導者が誰かをわからなくするため。

4　問１．復興　　問２．ウ　　問３．エ　　問４．ア　　問５．条例　　問６．ウ　　問７．ボランティア
　　問８．1923年９月１日に関東大震災が起こったから。　　問９．ウ，オ　　問10．厚生労働省

←解答例は前のページにありますので，そちらをご覧ください。

1 (1)① 与式＝{(10－6＋1)×11－12}×(24÷8＋9－5)＝(5×11－12)×(3＋9－5)＝(55－12)×7＝43×7＝301

② 与式＝(9.7－0.3＋9)÷0.4＝18.4÷0.4＝46　　③ 与式＝$(\frac{28}{5}-\frac{59}{15})×\frac{6}{5}=(\frac{84}{15}-\frac{59}{15})×\frac{6}{5}=\frac{25}{15}×\frac{6}{5}=2$

④ 与式＝0.4×0.2＋1.08－0.32÷2＝0.08＋1.08－0.16＝1

(2) 女子20人の合計点は31×20＝620(点)，男女合わせた50人の合計点は34×50＝1700(点)だから，男子30人の合計点は，1700－620＝1080(点)　　よって，男子30人の平均点は，1080÷30＝36(点)

(3) 兄の最初の所持金の$\frac{1}{2}$と弟の最初の所持金の$1-\frac{1}{4}=\frac{3}{4}$が等しいから，

右図より，弟の最初の所持金は3000円とわかる。これより，兄の最初の所持金の

$\frac{1}{2}$は，$3000×\frac{3}{4}=2250$(円)だから，兄の最初の所持金は，2250×2＝4500(円)

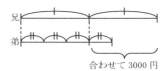

(4) 【解き方】AC上の点でBから最も遠い点はAで，Bから最も近い点はCだから，

ACが通過した部分は，右図の色つき部分である。

ACが通過した部分の面積は，半径5cmの円の面積から，半径3cmの円の面積をひいた

面積で，5×5×3.14－3×3×3.14＝(25－9)×3.14＝16×3.14＝50.24(cm²)

(5) 右図のように点Gをおく。

三角形ABCは二等辺三角形だから，角ACB＝角ABC＝70°

三角形の1つの外角は，これととなり合わない2つの内角の和に等しいから，

三角形GECについて，角AGE＝角GEC＋角GCE＝40°＋70°＝110°

三角形AGFについて，角ア＝角AGE－角AFG＝110°－90°＝20°

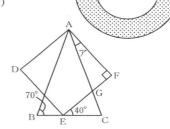

(6) 【解き方】角柱の体積は，(底面積)×(高さ)で求められる。

角柱の底面は台形だから底面積は，(2＋6)×3÷2＝12(cm²)　　高さが4cmだから体積は，12×4＝48(cm³)

(7) 【解き方】普通列車と快速列車が出会ってからはなれるまでに普通列車の最後尾（こうび）と快速列車の最後尾が進んだ道のりの和は，2台の列車の長さの和に等しく，

154＋170＝324(m)である(右図参照)。

2台の列車は6秒で合計324m進んだから，2台の速さの和は，秒速(324÷6)m＝秒速54mである。よって，快速列車の速さは，秒速(54－24)m＝秒速30m，つまり，時速$\frac{30×60×60}{1000}$km＝時速108km

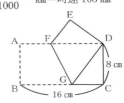

2 (1) 【解き方】折り返したとき重なるから，四角形EFGDと四角形AFGBは合同であることを利用する。

ED＝AB＝8cm，角DEF＝角BAF＝90°で，三角形DEFの面積が24cm²だから，

EF×8÷2＝24より，EF＝24×2÷8＝6(cm)

(2) 【解き方】(五角形CDEFGの面積)＝(四角形EFGDの面積)＋(三角形DGCの面積)＝

(四角形AFGBの面積)＋(三角形DGCの面積)＝(長方形ABCDの面積)－(三角形DFGの面積)である。

AF＝EF＝6cmだから，DF＝16－6＝10(cm)　　三角形DFGの底辺をDFとみると高さは8cmだから，

面積は，10×8÷2＝40(cm²)　　よって，求める面積は，8×16－40＝128－40＝88(cm²)

(3) 【解き方】四角形EFGDと四角形AFGBが合同であることと，平行線の錯角が等しいことを利用する。

角ＤＧＦ＝角ＢＧＦである。ＡＤとＢＣが平行だから錯角は等しく，角ＤＦＧ＝角ＢＧＦ

よって，角ＤＧＦ＝角ＤＦＧで，三角形ＤＦＧは二等辺三角形だから，ＤＧ＝ＤＦ＝10cm

3 (1) 食塩の量は 500g の 7 ％だから，$500 \times \frac{7}{100} = 35$（g）

(2) 【解き方】それぞれの食塩水にふくまれる食塩の量の合計，食塩水の量の合計から濃度を求める。

2 ％の食塩水 200g にふくまれる食塩の量は $200 \times \frac{2}{100} = 4$（g），5 ％の食塩水 300g にふくまれる食塩の量は

$300 \times \frac{5}{100} = 15$（g）だから，容器Ｃで混ぜ合わせた食塩水にふくまれる食塩の量は，4＋15＋35＝54（g）

食塩水全体の量は，200＋300＋500＝1000（g）だから，求める濃度は，$\frac{54}{1000} \times 100 = 5.4$（％）

(3) 【解き方】容器Ａに容器Ｂからと容器Ｃからの食塩水を順に混ぜたと考える。うでの長さを濃度，おもりを食塩水の重さとしたてんびん図で考えて，うでの長さの比とおもりの重さの比がたがいに逆比になることを利用する。

右図①は，容器Ａの 2 ％の食塩水 600－200＝400（g）に容器Ｂの 5 ％の食塩水 100g

を混ぜたときのてんびん図である。ａ：ｂは，食塩水の量の比である 400：100＝

4：1 の逆比に等しくなるので，ａ：ｂ＝1：4 となる。これより，ａ：（ａ＋ｂ）＝

1：5 となるから，$a = (5-2) \times \frac{1}{5} = 0.6$（％）なので，容器Ａの食塩水の濃度は，

2＋0.6＝2.6（％）になる。

図①

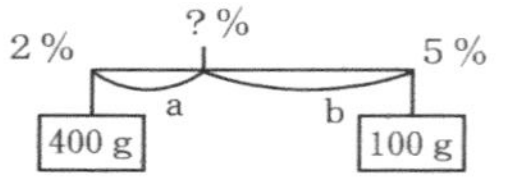

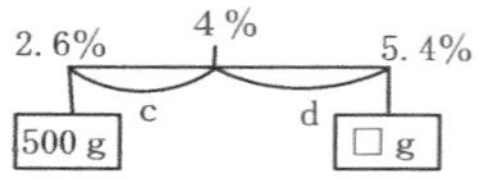

図②は，容器Ａの 2.6 ％の食塩水 400＋100＝500（g）に容器Ｃの 5.4 ％の食塩水 □ g

を混ぜたときのてんびん図である。ｃ：ｄ＝（4－2.6）：（5.4－4）＝1：1 となる

図②

から，2.6％と 5.4％の食塩水の量は等しい。よって，容器Ｃから取り出した食塩水は 500g である。

4 (1) 12 の約数は，1，2，3，4，6，12 だから，⟦12⟧＝6

(2) 50 の約数は，1，2，5，10，25，50 だから，⟦50⟧＝1×2×5×10×25×50＝125000

(3) 【解き方】⟦Ａ⟧＝2 となる整数Ａは約数が 2 個の整数だから，素数である。

1 から 30 までの素数は，2，3，5，7，11，13，17，19，23，29 だから，求める個数は 10 個である。

5 (1) 【解き方】□段目に□個の数が並ぶから，9 段目までに 1＋2＋3＋…＋8＋9＝45（個）の数が並ぶ。

9 段目の一番右の数は 45 だから，10 段目の一番左の数は 46 である。

(2) 【解き方】10 段目に並ぶ数は，46 から 45＋10＝55 までだから，46 から 55 までの和を求める。

46 から 55 までの連続する整数の和の 2 倍は，右の筆算より，101×10 となるから，

46 から 55 までの連続する整数の和は，$\frac{101 \times 10}{2} = 505$ である。

$$\begin{array}{r} 46 + 47 + \cdots + 55 \\ +)\ 55 + 54 + \cdots + 46 \\ \hline 101 + 101 + \cdots + 101 \end{array}$$

(3) 【解き方】□段目の一番右の数は，1 から□までの連続する整数の和と等しい。1 から□までの和が 2021 に近くなる□を見つける。

(2)の計算方法より，1 から□までの連続する整数の和は，$\frac{(1＋□) \times □}{2}$ となる。（1＋□）×□が，2021×2＝

4042 に近くなる□を探す。61×60＝3660，62×61＝3782，63×62＝3906，64×63＝4032 より，63 段目の一番右

の数は $\frac{(1＋63) \times 63}{2} = 2016$ である。よって，2021 は，64 段目の左から 2021－2016＝5（番目）である。

6 (1) 兄が歩いた時間は 7 時 40 分－7 時 30 分＝10 分，電車に乗った時間は 7 時 53 分－7 時 45 分＝8 分，走った時間は 4 分だから，家から学校までの道のりは，60×10＋900×8＋90×4＝8160（m）

(2)① 【解き方】同じ道のりを進むのにかかる時間の比は速さの比の逆比と等しくなる。

忘れ物に気づく前と後の速さの比が 60：90＝2：3 だから，かかった時間の比は 3：2 である。よって，家から忘れ物に気づくまでにかかった時間は $10 \times \frac{3}{3＋2} = 6$（分）だから，求める時刻は，7 時 30 分＋6 分＝7 時 36 分

② 8160m を 7 時 57 分－7 時 40 分＝17 分で進むから，求める速さは，分速(8160÷17)m＝分速 480m

令和三年度　鶯谷中学校入学試験問題　国　語　（その一）

一　次の文章を読み、あとの問いに答えなさい。ただし、解答するときは句読点や記号、「　」も字数に数えることとします。

「雑草のように強い」と比喩されるように、雑草には「強い」というイメージがある。しかし、植物学では、雑草は強い植物であるとはされていない。むしろ、「雑草は弱い植物である」と言われている。これは、どういうことなのだろうか。

本書の最初に、植物と植物の戦いを紹介した。じつは、雑草と呼ばれる植物は、他の植物との競争に弱い植物なのである。

植物は、光や水を奪い合い、生育場所を争って、激しく競争を繰り広げている。雑草はそのような植物間の競争に弱い植物である。そのため、たくさんの植物が生い茂るような自然豊かな森の中には、雑草と呼ばれる植物群は生えることができない。

【Ａ】　、雑草は、他の植物が生えることのできないような場所を選んで生息している。それが、よく踏まれる道ばたや、草取りが頻繁に行われる畑の中など、人の暮らす場所なのである。もし、人間が草取りをやめれば、競争に強い植物が次々と侵入して、植物どうしの戦いの末に、やがて雑草を※駆逐してしまうだろう。

【Ｂ】　、そうして人間がⓑカンリすることで、強い植物が侵入することも防がれている。草取りをしたり、ⓐタガヤされたりすることは、雑草にとって過酷なことである。草むしりはされたくないが、草むしりされないと生きていけない。これが雑草の背負っている宿命である。

雑草は、人間の暮らしている場所でしか、生きることのできない植物である。雑草にとって、人間はⓒテキであるとは言い切れない。じつは雑草は、人間に寄り添っているのである。もしかすると、寄生して利用しているという言い方が正しいのかも知れない。

※禅問答のようだが、①草取りをやめれば雑草はなくなり、草取りをすることで雑草は生存できるのである。雑草にとって、人間はなくてはならない存在なのである。

【中　略】

※エリートではない、無名の努力家たちは「雑草軍団」とⓓヒョウカされる。けっして悪いイメージはない。むしろ「温室育ちのエリート集団」と言う方が鼻につく感じだ。苦労の末に花を咲かせた「雑草」に、人々は感嘆し、惜しみない拍手を送るのである。

何とも不思議な話である。雑草は困り者で、人々は雑草と激しい戦いを繰り広げてきた。それなのに、どうして、人々は雑草に良いイメージを抱くのだろうか。

ただし、「雑草軍団」や「雑草魂」のように、雑草に良いイメージがあるのは、私が知る限りでは、日本人くらいのものである。

②どうして、日本人は、雑草に対して好意を持つのだろうか。

日本の雑草が、世界の国々に比べて困り者ではないかと言えば、そんなことはない。むしろ、日本の雑草は、かなり手強いと言っていい。

何しろ、高温多湿な日本では、雑草はすぐに伸びてくる。数か月も草取りをせずに畑を放っておけば草ぼうぼうになって、覆い尽くされてしまう。庭の草は取っても取ってもすぐに生えてくる。年に何回も行われる公園や道路の※法面の草刈りには、毎年膨大な予算が使われている。農業にとっては、もっと深刻で切実な問題だ。高温多湿な気候にある日本の農業の歴史は雑草との戦いであったと言っていい。一方、欧米では、雑草は日本ほどは伸びてこない。日本の方が、ずっと雑草に苦しめられてきたのだ。それなのに、どうして、日本人は、困り者の雑草を愛するのだろうか。

西洋の人たちにとって、自然は人と相対するものであり、支配すべきものであった。そして、自然に戦いを挑むように、自然を克服していったのである。しかし、高温多湿で、植物の成長が早い日本では、自然は豊かな恵みをもたらしてくれる一方で、脅威となって人間に襲い掛かってきた。そして、日本人は自然の驚異と全力で向き合ってきたのだ。

その結果、どうだっただろう。厳しい戦いを通して、人々はそこに尊敬の念を抱かずにいられなかったのではなかろうか。日本人にとって、手強いテキである雑草は、良きライバルのような関係だったのかも知れない。

戦いの中で熱い友情が ═e═ メバえるというのは、ドラマでは、よくある話である。

人間と雑草との戦いの末にも、どこかお互いを称え合う気持ちが出たのだろうか。

テキもまた、あっぱれ。互いの強さを称え合いながら、人間と植物とは戦い続けていくのである。

（稲垣栄洋 『たたかう植物—仁義なき生存戦略』 ちくま新書より　本文の表記を一部改めたところがある。）

※　駆逐 ……………… 追いはらうこと。

※　禅問答 …………… ちぐはぐでわかりにくいやりとり。

※　エリート ………… ある社会においてリーダーとなりうるような優秀な素質、力のある人。

※　法面 ……………… 道路の建設工事などで盛り土や切り土で造られた斜面。

問一　═══ 線部a〜eのカタカナを、それぞれ漢字に直しなさい。

問二　空欄 A ・ B に入る、接続する言葉として最もふさわしいものを、次のア〜カの中から一つずつ選び、それぞれ記号で答えなさい。ただし、同じ記号は一度しか使えないものとします。

ア　さらに　　イ　しかし　　ウ　そこで　　エ　たとえば　　オ　つまり　　カ　なぜなら

問三　═══ 線部①「草取りをやめれば雑草はなくなり、草取りをすることで雑草は生存できる」とありますが、このように言えるのはなぜですか。最もふさわしいものを、次のア〜エの中から選び、記号で答えなさい。

ア　草取りをやめると、競争に強い植物が侵入して雑草は負けてしまうことになり、一方で草取りをすると弱者である雑草にも生きる場所が生み出されるから。

イ　草取りをやめると、雑草が増えすぎて密になり自滅していき、一方で草取りをすると雑草同士の間隔があいて日が当たりやすくなり、育ちやすくなっていくから。

ウ　草取りをやめると、たくさんの植物が生い茂り、雑草にまで水や光が届かなくなるが、一方で草取りをすると雑草に優先的に栄養が行き渡り、雑草も生き残ることができるから。

エ　草取りをやめると、人間が近づかなくなり、人間の暮らしている場所でしか生きられない雑草は消えていき、草取りをする人間がいるところでは、人間が雑草を守ってくれるから。

問四　═══ 線部②「どうして、日本人は、雑草に対して好意を持つのだろうか」とありますが、この答えとして筆者はどのように考えていますか。最もふさわしいものを、次のア〜エの中から選び、記号で答えなさい。

ア　苦戦の歴史の中で、雑草が恵みをもたらしてくれることがわかり、ありがたみが生まれたから。

イ　成長が早い雑草と全力で向き合った結果、その手強さに尊敬の念を抱くようになったから。

ウ　成長が早く、放っておいても強く生きられる雑草には、世話する手間がかからないから。

エ　西洋では成長せず、日本でのみ力強く成長する雑草に、同じ国に生きる喜びを感じているから。

問五　〜〜〜 線部『雑草のように強い』と比喩される」とありますが、これを人間に当てはめた場合、どのような人間が「雑草のように強い」と言えますか。自分の言葉で考えて、三十字以上四十字以内で答えなさい。

問六　この文章では、雑草の例から「日本」と「西洋」の考え方が述べられています。「日本」の考え方としてふさわしいものと、「西洋」の考え方としてふさわしいものを、次のア～カの中から一つずつ選び、それぞれ記号で答えなさい。ただし、同じ記号は一度しか使えないものとします。

ア　上手に避けて、関わらないようにするもの

イ　たくましい生命力に満ちていて、人間が見習いたいもの

ウ　人間の力が及ばず、対立するもの

エ　人間と相対する、支配すべきもの

オ　膨大な予算を使ってでも、排除すべきもの

カ　豊かな恵みをもたらしてくれるが、脅威にもなるもの

問七　この文章で述べられている「日本」と「西洋」それぞれの自然に対する考え方に従うと、自然災害を防ぐための対策はどのようなものになりますか。自然災害の例を次の㈠～㈣の中から一つ選び、日本と西洋それぞれの対策を自分で考えて、説明しなさい。ただし、現在実現できていないものでもよいこととします。

㈠　洪水（こうずい）　　㈡　地震（じしん）　　㈢　台風　　㈣　土砂崩れ（どしゃくずれ）

《下書き用》

日本	西洋

問八　この文章の内容に合うものを、次のア～カの中から二つ選び、記号で答えなさい。

ア　草むしりという誰もが経験したことのあるような具体例を挙げることによって、読者に雑草の手強さを確かめさせ、そこから生まれる疑問を投げかけている。

イ　雑草の持っている「強い」というイメージとは裏腹の事実を示すことによって、読者に驚きをもたせ、雑草に対する見方の間違いを正そうとしている。

ウ　「どうして、日本人は、困り者の雑草を愛するのだろうか」という疑問を示すことによって、筆者がこの事実に対して不満であることを主張している。

エ　「～だろうか。」という文末を用いて読者に何度も問いかけることで、内容を深く考えさせるとともに、雑草と人間との関係についての新しい見方を示している。

オ　筆者は、日本と西洋とを比べることで、手強いライバルである雑草でさえも受け入れる日本人のすばらしさを社会に広めようとしている。

カ　「ライバル」という言葉を人間と植物との間に使うことで、両者の関係性をつかみやすくし、両者の関係が良好だというこの文章の主題を強く訴えかけている。

二　高校一年生の森崎真綾は料理が好きで、自信作の写真を※SNSに※アップするのが日課である。ある日、姉の咲綾が大失敗した料理の写真を真綾が何気なくアップしたところ、これまでとは比べものにならないほどの人気を得た。その後はいつも通りの投稿をするものの、姉の料理の写真を待ち望む声が多く、なんとなく写真をアップする気にならずにいた。気分が晴れないまま夏休みに入り、真綾は姉と一緒に祖母の家に遊びに行く。この後に続く次の文章を読み、あとの問いに答えなさい。ただし、解答するときは句読点や記号、「　」も字数に数えることとします。

線香に火をつけ、まずは仏壇の前で手を合わせる。額に収まったご先祖様の写真の中には、祖父の顔も含まれていた。

※床の間の隣に置かれた棚には、着物姿の姉と私の写真が飾られている。初孫である姉が生まれた際、その一挙手一投足を映像に残そうと随分と張り切っていた　A　らしい。たくさんあるDVDの大半は、祖父が撮影したものだった。『咲綾　九歳　運動会』と※ラベリングされた映像は、私も見たことがある。例の、姉が側転を失敗した時の動画だ。未だ目を瞑って手を合わせている姉の横顔を、私は　I　盗み見た。

確かにあの日、姉は側転を失敗した。でも、その記憶は皆の頭の中にある。私が綺麗に決めた側転は、誰も覚えていないけれど。

「それじゃあ、ちょっとゆっくりしとき。おばあちゃんがご飯作るから」

腰を上げた祖母が、a おもむろに襖を開く。「手伝うよ」と、慌てて立ち上がろうとした私を、祖母は手を振ることで制した。

【中略】

「あー、私も今日は疲れちゃった」

そう唸るように声を発して、姉は豪快に畳の上で大の字になった。その姿に、前回のテスト範囲の内容が脳裏を過ぎる。

「大の字に、寝て涼しさよ、淋しさよ」

呟いた言葉に、「小林一茶だね」と姉が目だけをこちらに向けた。

「なんとなく、似てるなって」

「んふふ。大の字だし、涼しいしね」

本当は、淋しいってところが似ていると思った。でも、それをわざわざ口にするのはなんだか気恥ずかしかった。唇を軽く噛み、私は目を伏せる。

淋しいという気持ちは、言葉にすると嘘っぽく聞こえる。私の内に潜む、疎外感、孤独感、劣等感。※ネガティブな感情たちを、私はいつもひた隠しにして生きている。

姉みたいに、困ったときに助けてと言える人間になりたかった。自尊心の鎧で自分を覆っているうちに、気付けば頑張っている状態が当たり前だと思われるようになっていた。何でも出来るような顔をして。背伸びした分の私の努力は、自分だけしか見ていない。幼い頃の側転と同じだ。努力していると思われたら恥ずかしいから、成功することが当たり前だと思われているから、誰の記憶にも残っていない。

「涼しさは夏の季語だねぇ。三夏だよ、三夏」

出し抜けに、講師ぶった口ぶりで姉は言った。瞼をゆっくりと上げ、私は姉の方を見遣る。「サンカ？」と首を捻れば、彼女は　II　身を起こした。

「そう。初夏、仲夏、晩夏の総称。※陰暦の四月、五月、六月辺りだね」

見開かれた両目には、①キラキラと生気が漲っている。

「へー」

「ほら、他に教えて欲しいことはない？　国語は得意科目だよ」

「いや、特にないけど」

「なんだ―。せっかくたまにはお姉ちゃん　B　らしいことができると思ったのに」

がっくりと肩を落とす姉の、仕草の一つ一つが私の気持ちを圧迫した。あなたが好きだ、あなたの力になりたい。無邪気に示される好意が、今の私には毒だった。頬の筋肉が強張るのを感じる。②腹の底に沸き上がる不愉快さ

を押し込めるように、私は唾を呑み込んだ。それを見て何を勘違いしたのか、「世界史も得意だから！」と姉は口早に言い募った。

「はいはい、お姉ちゃんが世界史得意なのは知ってるよ」

真綾はなんでも出来ちゃうよね。国語も数学も英語も……家庭科も、体育だって」

「そんなことないよ。大体、家庭科と体育はお姉ちゃんが出来なさすぎるだけだし」

「えー、私は普通だもん。真綾はさ、昔から器用だし運動神経もいいよね。ほら、小四の時の運動会とか」

息が止まった。

「私が小四の時は側転失敗しちゃったんだよね。動揺を隠せない私を他所に、姉は片膝を立てたまま思い出を辿っている。あの学校って、なんで四年生になったら組み体操やらせるんだろうね。練習の時も全然成功しなくて。足に砂が食いこむのが嫌だったな」

「伝統って、先生は言ってたけど」

「そんな伝統いらないよー。あ、でも、真綾の側転は凄く綺麗だったよね。倒立も上手だったし、私、真綾は体操部に向いてるんじゃないかって本気で思ったもん」

あはは、とまるでなんでもないことのように姉は笑った。カラカラに乾いた唇を湿らせようと、私は舌先で口端を舐めた。

③ざわりと蠢く心臓の鼓動が、鼓膜にへばりついていた。

「覚えてるの？」

「何が？」

「その……運動会のこと」

「真綾は覚えてないの？」

「そんなことないけど」

ただ、自分以外の誰かが記憶しているとは思っていなかった。膝を抱き込み、私は④その場で丸くなる。

「お姉ちゃんはどうでもいいことばっかり覚えてるんだね」

「どうでもよくないから覚えてるんじゃない？」

「私の側転が？」

「もっと覚えておくべきことはいっぱいあるじゃん」

「そんなこと言われてもなぁ。私はただ、思ったことを言っただけ。前に真綾も言ってたでしょ？　思ったことを言えばいいって」

「言ったっけ？」

「言ったよ。真綾に関することはよく覚えてるんだから」

誇らしげに胸を張る姉に、私は根負けしたように⑤もう認めれば、と胸中に潜む誰かが言った。私はきつく目を瞑る。眉が垂れ、※口角が勝手に上がる。熱を孕む夜風が私の背中をそっと押した。

本当は、嫌いになんてなれるわけがなかったのだ。だって彼女は私を愛している。善意を悪意で返せるほど、私は強い人間じゃない。

「ねえ、さっきの話ってまだ有効？」

私の問い掛けに、姉は首を傾げた。

「さっきのって？」

「教えて欲しいことって？」

「有効！」

「じゃ、体育教えてよ。私、お姉ちゃんの側転が見たいなぁ」

甘えるように告げたお願いは、少し意地悪すぎただろうか。姉が慌てたように立ち上がる。

「えー、無理だよ。小学校の時だってできなかったのに。大体、真綾の方が上手でしょ？」

「ま、そりゃそうだけど。お姉ちゃんのが見たいなーって」

「そう言われると……あ、良いこと思いついた！」

パン、と姉が両手を打ち鳴らす。なんだか嫌な予感がする。姉が思いついたと言い出す時は大抵ろくなことにならないのだ。「何？」と私が尋ねるより先に、姉はコードの差し込まれたスマートフォンを拾い上げた。

「私らの側転、おばあちゃんに撮ってもらおうよ。で、お母さんたちに見てもらうの」

「えっ」

「姉妹の成長記録！　多分、二人とも喜ぶよ」

「そうかなぁ」

そんなくだらないことに他人の手を借りるのはどうなのだろう。私が制止の声を上げるよりも先に、姉は「お

ばあちゃーん」と元気よく走って行ってしまった。ドタドタと騒がしい足音が、周囲に散らばる淋しさを掻き消

していく。やれやれと呆れた顔を作りながら、私は⑥その場で大の字になった。

外から吹き込む夜風は涼しく、目を凝らしても見えないほどにひどく透き通っている。爽やかな※イグサの匂（にお）

いを嗅ぎながら、私は⑦力んでいた背中を伸ばした。今日の晩ご飯は、久しぶりに写真を撮ってもいいかもしれ

ない。何故（なぜ）だかふと、私はそんなことを考えた。

（武田綾乃（たけだあやの）『青い春を数えて』より）

※ SNS ……… ソーシャル・ネットワーキング・サービスの略。登録された利用者同士が交流できる、インターネッ

　　　　　　　ト上の会員制サービス。

※ アップ ……… 個人の文章やイラストなどを、インターネット上に発信すること。

※ 床の間 ……… 日本のざしきで、床を一段高くして、花などをかざる場所。

※ ラベリング ……… 分類し、名前をつけること。

※ ネガティブ ……… 否定的。後ろ向き。

※ 陰暦 ……… 日本では江戸時代ごろまで用いられていたカレンダー。月の満ち欠けを基準にして決めたもの。

※ 口角 ……… 口の両わき。

※ イグサ ……… 多年草の一つ。たたみやござの原料。

問一　本文４行目の＝＝＝線部「初孫」と漢字の組み合わせが同じになるものとして最もふさわしいものを、

　　　次のア～エの中から選び、記号で答えなさい。

　　ア　失敗　　イ　姉妹　　ウ　写真　　エ　動画

問二　～～～線部a・bの言葉の意味として最もふさわしいものを、あとのア～エの中から一つずつ選び、それ

　　　ぞれ記号で答えなさい。

　　a｛　ア　おもむろに　　　　　　　　　　　　　b｛　ア　相好を崩す
　　　　ア　あわてた様子で　　　　　　　　　　　　　イ　姿勢を楽にする
　　　　イ　音を立てずに　　　　　　　　　　　　　　ウ　喜びが顔に表れる
　　　　ウ　たいして力を入れずに　　　　　　　　　　エ　あきれて何も言えなくなる
　　　　エ　ゆっくりとした動作で　　　　　　　　　　　　あきらめがつく

問三　～～～線部A「張り切っていたらしい」、B「お姉ちゃんらしい」と同じ用法の「らしい」が使われてい

　　　る文を、次のア～オの中から一つずつ選び、それぞれ記号で答えなさい。ただし、同じ記号は一度しか使え

　　　ないものとします。

　　ア　明日は雨が降るらしい。　　　イ　あたらしい筆箱を買う。　　　ウ　かわいらしい犬を飼う。

　　エ　この作品はすばらしい。　　　オ　中学生らしいふるまい。

問四　空欄　Ⅰ　・　Ⅱ　に入る、最もふさわしい言葉を、次のア～カの中から一つずつ選び、それぞ

　　　れ記号で答えなさい。ただし、同じ記号は一度しか使えないものとします。

　　ア　うっとりと　　イ　くるりと　　ウ　じっくりと　　エ　ちらりと　　オ　むくりと　　カ　わざと

問五　――線部①「見開かれた両目には、キラキラと生気が漲っている」とありますが、この時の姉の気持ちとして最もふさわしいものを、次のア〜エの中から選び、記号で答えなさい。

ア　妹から一切あてにされていない自分が質問され、自分にも教えてやれることがあったと自信を取り戻している。

イ　妹が「サンカ」を知らなかったので、今こそ姉らしさを発揮して教えてやれるチャンスだと喜びを感じている。

ウ　自分の心の中をいつも隠している妹がめずらしく分からないと意思表示したので、とまどいと驚きを感じている。

エ　何でもできると思っていた妹に知らないことがあったので、そんなことも知らないのと見返してやりたくなっている。

問六　――線部②「腹の底に沸き上がる不愉快さ」とありますが、この時の「私」の気持ちとして最もふさわしいものを、次のア〜エの中から選び、記号で答えなさい。

ア　姉らしいことなどされたことがないと悲しむ気持ち

イ　大げさな仕草をする姉にあきれる気持ち

ウ　国語しか誇れるものはないのかと馬鹿にする気持ち

エ　自分にはない無邪気さを持つ姉にいらだつ気持ち

問七　――線部③「ざわりと蠢く心臓の鼓動が、鼓膜にへばりついていた」とありますが、この時の「私」の気持ちとして最もふさわしいものを、次のア〜エの中から選び、記号で答えなさい。

ア　かつて体操部をあきらめたことを姉に見透かされたような気がして、ひどく恥ずかしく不安が高まっていく気持ち。

イ　誰からも愛されている姉からほめられたことで、自信を持てないでいた自分が変われるかもしれないと期待する気持ち。

ウ　誰も覚えていないと思っていた自分の側転を、まさか姉が覚えているとは思いもよらず、ひどく驚き動揺する気持ち。

エ　また姉が失敗した側転の話かと思っているところに、突然自分の話題が出たため心の用意ができておらず、とまどう気持ち。

問八　――線部④「その場で丸くなる」、⑥「その場で大の字になった」とありますが、ここからは「私」のどのような気持ちの変化が読み取れますか。最もふさわしいものを、次のア〜エの中から選び、記号で答えなさい。

ア　思いがけない姉の言葉に、今までの自分の考えに不安を覚えていたが、姉よりも優れていなければならないという責任感から解放されてのびのびとした気持ち。

イ　思いがけない姉の言葉に、落ち込み、すねていたが、姉の言葉に裏がないことを知って、姉に対する苦手意識から解放されてほっとする気持ち。

ウ　思いがけない姉の言葉に、静かに喜びをかみしめていたが、姉と自分を比べ続けてきた後ろめたさから解放されて自信に満ちあふれている気持ち。

エ　思いがけない姉の言葉に、とまどい、意地を張っていたが、姉だけがみんなの記憶に残るのだという思い込みから解放されてすっきりした気持ち。

問九　――線部⑤「もう認めれば」とありますが、どのようなことを認めるのですか。三十字程度で答えなさい。

問十　――線部⑦「力んでいた背中を伸ばした」とありますが、「力んで」いる状態をたとえた表現を、本文中から十四字で抜き出しなさい。

令和3年度　鶯谷中学校入学試験問題　算　数（その1）

(50分)

1 次の(1)～(7)の問いに答えなさい。

(1) 次の計算をしなさい。

① $\{(10-2\times3+1)\times11-12\}\times(4\times6\div8+9-5)$

② $\left(\dfrac{97}{10}-0.3+9\right)\div0.4$

③ $\left(\dfrac{7}{2}\times\dfrac{8}{5}-\dfrac{59}{15}\right)\div\dfrac{5}{6}$

④ $0.2\div0.5\times0.2+0.27\times4-0.8\times0.4\div2$

(2) 6年生の男子30人，女子20人が算数のテストを受けたところ，女子20人の平均点は31点，男女合わせた50人の平均点は34点でした。男子30人の平均点を求めなさい。

(3) 兄弟2人でお金を出し合って，3000円の品物を買いました。兄は所持金の $\dfrac{1}{2}$ を，弟は所持金の $\dfrac{1}{4}$ を出したところ，2人の残りの所持金は同じになりました。兄の最初の所持金を求めなさい。

(4) （図1）のような直角三角形 ABC があります。点 B を中心として，三角形 ABC を360°回転させたとき，辺 AC が通過した部分の面積を求めなさい。ただし，円周率は 3.14 とします。

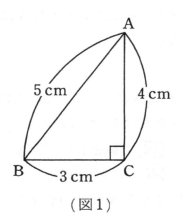

（図1）

(5) （図2）は，辺 AB と辺 AC の長さが等しい二等辺三角形 ABC と正方形 ADEF が重なってできた図形です。角アの大きさを求めなさい。

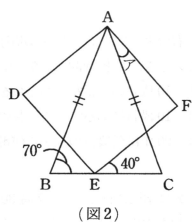

（図2）

(6) （図3）の角柱の体積を求めなさい。

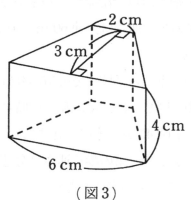

（図3）

(7) 秒速24mで走る長さ154mの普通列車と，長さ170mの快速列車がすれ違うのに6秒かかりました。快速列車の速さは時速何kmか求めなさい。

2　（図４）のように，たて８cm，横16cmの長方形ABCDを点Bと点Dが

重なるように折ったとき，三角形DEFの面積は24cm²でした。このとき，

あとの問いに答えなさい。

(1)　EFの長さを求めなさい。

(2)　五角形CDEFGの面積を求めなさい。

(3)　DGの長さを求めなさい。

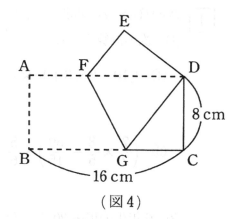

（図４）

3　容器Ａには２％の食塩水が600g，容器Ｂには５％の食塩水が800g，容器Ｃには７％の食塩水が500g入ってい

ます。このとき，あとの問いに答えなさい。

(1)　容器Ｃにとけている食塩の量は何gか求めなさい。

(2)　容器Ａから200g，容器Ｂから300gの食塩水を取り出し，容器Ｃに入れてよくかき混ぜました。混ぜ合わせた

あとの容器Ｃに入っている食塩水は何％か求めなさい。

(3)　(2)のあと，容器Ｂから100g，容器Ｃから何gかの食塩水を取り出し，容器Ａに入れてよくかき混ぜました。混

ぜ合わせたあとの容器Ａに入っている食塩水は４％になりました。容器Ｃから取り出した食塩水は何gか求めなさ

い。

4　整数Ａについて，Ａの約数の個数を $\boxed{A}$ ，Ａの約数をすべてかけあわせた数を Ⓐ で表すことにします。例えば，

４の約数は１，２，４なので，$\boxed{4}$＝3，④＝1×2×4＝8となります。このとき，あとの問いに答えなさい。

(1)　$\boxed{12}$ の値を求めなさい。

(2)　㊿ の値を求めなさい。

(3)　１から30までの整数Ａで，$\boxed{A}$＝2となるものは何個か求めなさい。

5　右のように，上からある規則にしたがって，数がならんでいます。

このとき，あとの問いに答えなさい。

(1)　10段目の一番左にある数を求めなさい。

(2)　10段目にあるすべての数の和を求めなさい。

(3)　2021は何段目の左から何番目の数か求めなさい。

1段目		1	
2段目		2　3	
3段目		4　5　6	
4段目	7　8　9　10		
⋮		⋮	

6　兄は学校に行くため，７時30分に家を出発し，歩いてＡ駅に向かいました。７時40分にＡ駅に着き，その５分後に

Ａ駅を電車で出発し，７時53分にＢ駅に着きました。そして，Ｂ駅から４分間走って，７時57分に学校に着きました。

兄の歩く速さは分速60m，走る速さは分速90m，電車の速さは分速900mでした。このとき，あとの問いに答えなさ

い。

(1)　家から学校までの道のりは何mか求めなさい。

(2)　同じ日に，弟は兄と同時に家を出発し，歩いてＡ駅に向かう途中で忘れ物に気づいたため，走って家にもどり，

７時40分に家に着きました。家に着くとすぐに母親の車に乗り，学校に向かったところ，兄と同時に学校に着き

ました。弟の歩く速さは分速60m，走る速さは分速90mでした。このとき，あとの問いに答えなさい。

　①　弟が家にもどり始めたのは何時何分か求めなさい。

　②　弟が乗った車の速さは分速何mか求めなさい。ただし，車で走った距離は(1)で求めた道のりとします。

（30分）

1　ジャガイモの葉を使って次のような実験を行いました。あとの問いに答えなさい。

〔実験１日目の午後〕
　ジャガイモの葉Ａ〜Ｃをアルミニウムはくでおおい，次の日まで日光の当たる場所に置いておいた。
（図１）

〔実験２日目の朝〕
　Ａの葉を切り取り，おおいを外した。葉を熱湯にひたした後，湯で温めた薬品Ｘに入れて葉の緑色をとかし出した。その後，Ａの葉を薬品Ｘから取り出し湯で洗ってから，うすいヨウ素液につけた。
　また，このときにＢの葉のおおいを外しておいた。

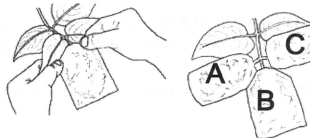

図１

〔実験２日目の午後〕
　ＢとＣの葉を切り取り，Ｃの葉のおおいを外した。ＢとＣの葉をそれぞれ熱湯にひたした後，湯で温めた薬品Ｘに入れて葉の緑色をとかし出した。その後，ＢとＣの葉をそれぞれ薬品Ｘから取り出し湯で洗ってから，うすいヨウ素液につけた。

　また，実験に使用しなかった葉をけんび鏡で観察すると，図２の様子が見られた。

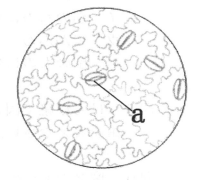

図　２

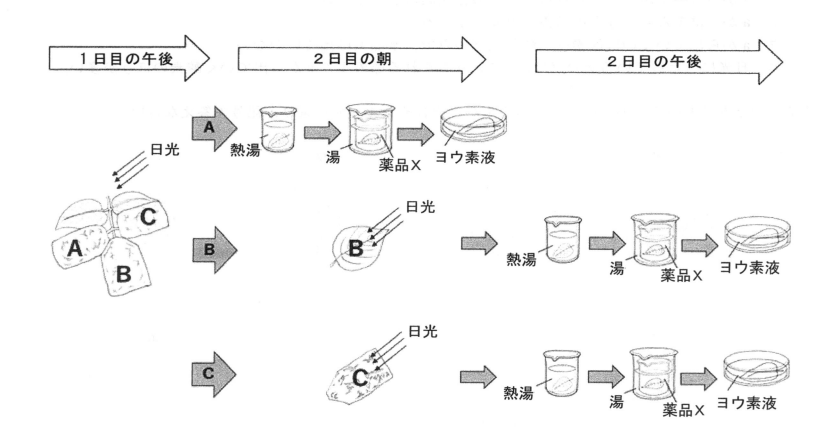

問１　実験に使用した薬品Ｘとして適するものを次のア～エの中から１つ選び，記号で答えなさい。

　　　ア　うすい塩酸　　　　　イ　エタノール　　　　　ウ　オキシドール　　　　エ　炭酸水

問２　薬品Ｘに入れる前に，葉を熱湯にひたす理由を答えなさい。

問３　Ａ～Ｃの葉の中で，ヨウ素液につけたところ青紫色に染まらなかったものはどれですか。Ａ～Ｃの中からすべて選び，記号で答えなさい。ただし，答えは１つの場合もあります。

問４　葉でつくられたでんぷんは，その後どうなりますか。次のア～エの中から１つ選び，記号で答えなさい。

　　　ア　でんぷんのまま移動することなく，葉のなかにたくわえられていく。
　　　イ　別のものに変化して，そのまま葉のなかにたくわえられていく。
　　　ウ　でんぷんのまま水にとけて，植物のからだ全体にはこばれていく。
　　　エ　別のものに変化して，水にとけて植物のからだ全体にはこばれていく。

問５　けんび鏡で図２のａを観察するのに適しているのは，葉の表側と裏側のどちらですか。またその理由を答えなさい。

問６　図２のａを出入りするものの説明として正しいものを次のア～エの中から１つ選び，記号で答えなさい。

　　　ア　ａからは酸素がとりこまれるが，二酸化炭素はとりこまれない。
　　　イ　ａからはでんぷんなどの栄養もとりこまれる。
　　　ウ　ａから出ていくのは酸素や二酸化炭素のみで，水蒸気は出ていかない。
　　　エ　日光に当たっているあいだは，ａにとりこまれる酸素よりａから出ていく酸素のほうが多い。

問７　ジャガイモの花と実を次のア～エの中からそれぞれ１つずつ選び，記号で答えなさい。

花　　　　　ア　　　　　　　　　イ　　　　　　　　　ウ　　　　　　　　　エ

実　　　　　ア　　　　　　　　　イ　　　　　　　　　ウ　　　　　　　　　エ

2　次の文章を読んで，あとの問いに答えなさい。

　　ミョウバンは，40℃の水100ｇに最大で23ｇ，20℃の水100ｇに最大で12ｇとけることができます。40℃の水200ｇにミョウバンを60ｇ入れてよくとかしたところ，ビーカーの底のほうにミョウバンがとけ残っていました。

問１　このとき，水溶液の濃度は何％ですか。小数第２位を四捨五入して答えなさい。

問２　とけ残ったミョウバンは何ｇですか。

問３　とけ残ったミョウバンと水溶液を分けるには，どのようなものが必要ですか。必要なものを次の中からすべて選びなさい。ただし，答えは１つの場合もあります。

　　　ビーカー　　　ろ紙　　　ピンセット　　　ガラス棒　　　スポイト　　　ガスコンロ　　　試験管
　　　線香　　　温度計　　　ろうととろうと台　　　ルーペ　　　薬さじ　　　薬包紙　　　ゴム栓

問４　とけ残ったミョウバンをとりのぞいたあとの水溶液を冷やして温度を20℃にしたところ，ミョウバンが出てきました。このとき出てきたミョウバンは何ｇですか。

問５　食塩は20℃の水100ｇに最大で36ｇとけることができます。　20℃の水100ｇに30ｇの食塩をとかしてつくった食塩水から固体の食塩をとり出すにはどうしたらよいですか。かんたんに書きなさい。

3　あとの問いに答えなさい。

問1　月と太陽について正しいものを次のア～オの中から2つ選び，記号で答えなさい。
　ア　地球から太陽までの距離は，地球から月までの距離のおよそ400倍である。
　イ　上弦の月は真夜中に東の空に見える。
　ウ　太陽と地球の間に月が入り込み一直線に並ぶと，地球からは太陽によってかけた月の一部が見られる。
　エ　月はいつも同じ面を地球に向けている。
　オ　太陽の表面温度は約6000℃くらいで，ここより温度が高い部分は黒っぽく見える。

問2　星について正しいものを次のア～オの中から2つ選び，記号で答えなさい。
　ア　青白い星にはスピカ，カペラ，リゲルがある。
　イ　1等星と2等星では，明るさは約20倍違う。
　ウ　日本のある場所では，8月にオリオン座を見ることができる。
　エ　夏の大三角は，こと座のベガ，はくちょう座のアルタイル，わし座のデネブを結んでできる。
　オ　北極と南極を結ぶ地軸はその傾きを変えることがあるため，北極星が現在の星から，別の星に変わることがある。

問3　気象の観測について正しいものを次のア～オの中から2つ選び，記号で答えなさい。
　ア　晴れた日は，気温が上がると湿度も上がる。
　イ　空全体の半分が雲でおおわれているとき，その場所の天気は「晴れ」である。
　ウ　百葉箱は太陽熱をよく吸収するため白くぬられている。
　エ　1日の最高気温が，午前中に観測されることもある。
　オ　積乱雲は水平に広がった雲である。

問4　流水のはたらきと川について正しいものを次のア～オの中から2つ選び，記号で答えなさい。
　ア　まっすぐ流れている川では，中央付近の流れが速く，岸に近づくほど流れは遅くなる。
　イ　しん食作用は川の上流で大きくはたらき，たい積作用は下流で大きくはたらく。
　ウ　川が曲がっているところでは，流れの速い側が川原になる。
　エ　新幹線で名古屋から京都に向かうと，濃尾平野では東から長良川，木曽川，揖斐川（いびがわ）の順にわたる。
　オ　川の石は，上流では丸みのある大きな石が多く，下流では角ばった小さな石が多い。

問5　天気とその変化について正しいものを次のア～オの中から2つ選び，記号で答えなさい。
　ア　春は低気圧と高気圧が交互におとずれるため，天気が周期的に変わる。
　イ　梅雨はシベリアの高気圧と，太平洋の高気圧がぶつかり合っておこる。
　ウ　暑い夏が続くと，日中の時間も長くなり，秋の植物の開花の時期に影響を与える。
　エ　「夕焼け空は晴れ」と言われているが，これは天気が西から変わっていくことに由来する。
　オ　高気圧の中心では，上昇気流が生じているため，天気が良い。

問6　風について正しいものを次のア～オの中から3つ選び，記号で答えなさい。
　ア　日本付近では，気圧の高い方から低い方に向かって，等圧線に直角に風が吹く。
　イ　「春一番」は，立春から春分までの間に初めて吹く暖かくやや強い北よりの風である。
　ウ　「木枯らし（こがらし）」は秋のおわりから冬のはじめにかけて吹く，北よりのやや強い風のことである。
　エ　竜巻の風速を推定するものには，藤田哲也によって考えられた「藤田スケール」がある。
　オ　台風は，その年の発生順に付ける番号のほかに，「コイヌ」，「ヤギ」，「ウサギ」，「クジラ」などの名前もある。

4　次の文章を読んで，あとの問いに答えなさい。

［Ａ］　光は，透明な１つのものの中を進むときはまっすぐ進みますが，そこから別の透明なものの中を進むときは２つのものの境目で折れ曲がる性質があります。これを光の屈折といいます。この性質を利用して，レンズがつくられました。

問１　虫めがねに使われているレンズは凸（とつ）レンズか凹（おう）レンズのどちらですか。

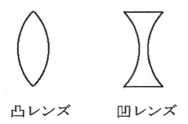

凸レンズ　　　凹レンズ

問２　図３のように，虫めがねで太陽の光を紙の上に集めてみたところ，円の形になりました。虫めがねと紙の間の長さを変えると円の大きさが変化します。図４はその様子を示しています。円の半径をはかったところ，アは 1.2cm，イは 0.5cm でした。明るいのはどちらですか。図４のア，イの中から１つ選び，記号で答えなさい。また，明るい方の明るさは暗い方の明るさの何倍ですか。

ア　　イ

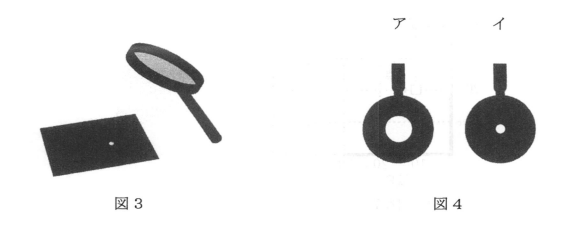

図３　　　　　　　　　　　　　　　　　　図４

問３　問２のように太陽の光を集めるとき，どのようなことに注意しなければなりませんか。かんたんに書きなさい。

［Ｂ］　鏡に向かって進む光を入射光<ruby>にゅうしゃこう</ruby>，鏡ではね返った光を反射光<ruby>はんしゃこう</ruby>といい，入射光と鏡に垂直な線との
なす角を入射角，反射光と鏡に垂直な線とのなす角を反射角といいます。図５のように，光は平ら
な鏡で反射すると，入射角と反射角が等しくなるという性質をもっています。また，図６のように，
「もの」と「ものから出て鏡に当たるまでの光」を鏡に対して折り返すと，　折り返した光と鏡で
反射して見る人に届く光は一直線になります。つまり，鏡で反射して見ている人に届く光は，鏡に
対称な「ものの像」から出てきたように見えます。

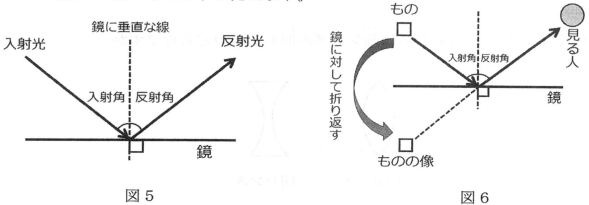

図５　　　　　　　　　　　　　　　　　　　　図６

　　　　図７は長さ 40cm の鏡Ａと，30cm の鏡Ｂを 90 度に重ねて立てたものです。Ｃ点は，鏡Ａから 10cm，
鏡Ｂから 40cm のところです。Ｄ点は，鏡Ａから 10cm，鏡Ｂから 20cm のところです。今，Ｄ点に
ものがおいてあり，Ｃ点からは「鏡Ａのみで反射したものの像」，「鏡Ｂのみで反射したものの像」
そして「鏡Ａと鏡Ｂの両方で反射したものの像」の３つの像が見えました。

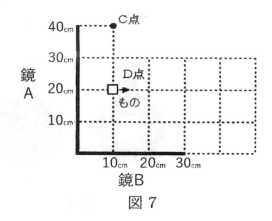

図７

問４　Ｃ点から鏡にうつったものの像を見ています。Ｄ点からものを矢印の方向に動かしていったとき，
　　　Ｄ点から何cm移動すると鏡にうつった像は１つ消えますか。

問５　Ｃ点から鏡にうつったものの像を見ています。Ｄ点からものを矢印の方向に動かしていったとき，
　　　Ｄ点から何cm移動すると鏡にうつった像は２つ消えますか。

問６　次に，図８のように鏡Ｂと 28 度の角をなす光を鏡Ｂにあて，さらに鏡Ａで反射させました。鏡Ａ
　　　で反射した光と鏡Ｂとの角度は何度になりますか。ただし，０度から 90 度の間で答えなさい。

問７　図９のように鏡Ａを傾けていったところ，鏡Ａで反射した光は鏡Ｂと平行になりました。このとき
　　　鏡Ａと鏡Ｂのなす角は何度になりますか。ただし，０度から 90 度の間で答えなさい。

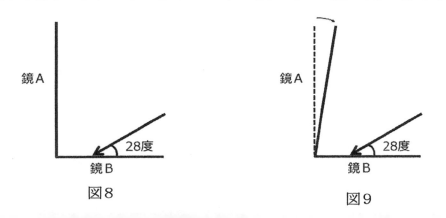

図８　　　　　　　　　　　　　　　　　図９

（30分）

1　太郎さんは，家族で岐阜県のふるさと納税のwebサイトを見ています。次の会話文を読んで，あとの問いに答えなさい。

太郎：「とてもたくさんの返礼品があるんだね。これ，全部岐阜県で作られているものなんだよね。」

父　：「そうだよ。ふるさと納税には，①地元で作られている特産品を知ってもらって，自治体をアピールしようという狙いもあるんだ。」

母　：「スーパーで見るものもあるけれど，普段は高くてなかなか買えないのよね。こういう制度を利用して，地元の名産品を食べてみるのもいいわよね。」

父　：「何か気になる品はあったかい？」

太郎：「ぼくはやっぱり②飛騨牛かな。ステーキや焼肉にしてお腹いっぱい食べてみたいな。」

花子：「フルーツを使ったジェラートとか，飛騨の牛乳で作ったアイスやプリンはすごくおいしそう。」

父　：「お父さんはお酒が気になるな。岐阜県は③清流の国といわれるくらい水がきれいな土地だから，おいしい地酒がたくさん作られているんだ。普段はビールや④ワインを飲んでいるんだけど，たまには日本酒も味わってみたいな。」

母　：「調子に乗って飲みすぎちゃだめよ。」

父　：「はーい，気を付けます。」

母　：「お母さんは鮎が好きなのよね。去年，長良川の（　⑤　）を見たときに食べた鮎料理はとってもおいしかったな。」

父　：「へー，塩焼きや甘露煮だけじゃなくて，アヒージョやスモークもあるんだ。これならワインにも合いそうだ。」

太郎：「お父さん，またお酒飲むこと考えてる。」

花子：「あ，見て。食べ物だけじゃなくて，雑貨とか日用品もあるよ。」

父　：「岐阜県には有名な伝統工芸がたくさんあるからね。」

花子：「すごい！⑥美濃和紙で作ったピアスだって。お母さん，してみたら？」

母　：「あら，かわいい。このダイニングチェアもすてきね。⑦飛騨の家具って有名だし。」

太郎：「あ，かっこいい！戦国武将の刀をモチーフにしたハサミだって。ぼく，これ欲しいな。」

父　：「（　⑧　）市は刀鍛冶で有名で，現在でも日本一の刃物のまちと言われているんだよ。」

母　：「他にも，食器などで使われる⑨美濃焼とか，飛騨春慶と呼ばれる漆器も有名よね。」

太郎：「岐阜県って，色々な魅力があるんだね。もっと調べてみよう。」

問1　ふるさと納税の仕組みについて説明した次の文章を読んで，あとの問いに答えなさい。

　　　ふるさと納税とは，（ⅰ）地方自治体に納税という形で寄附を行うことで，その自治体からさまざまな返礼品やサービスが受けられるという制度です。納めた税金のうち決まった額を超える分については，所得税や住民税から差し引かれるため，返礼品やサービスを実際より安く受けることができます。（ⅱ）税金を納める自治体は自由に選ぶことができ，その使い道を指定できる自治体もあります。

（1）下線部（ⅰ）に関連して，ふるさと納税には，人口が減って税収の少なくなった地域の財政を補う役割が期待されています。農山村などで極端に人口が減ってしまい，一定水準の社会生活を維持することが困難になった状態を何といいますか。

（2）下線部（ⅱ）について，このような仕組みのメリットやデメリットを述べた文として誤っているものを，次のア〜エの中から1つ選び，記号で答えなさい。

　　ア　税の仕組みがわかりやすくなり，税を納める手続きも簡単になります。

　　イ　税金の使われ方を考えるきっかけとなり，税に対する意識が高まることが期待されます。

　　ウ　自治体によっては税収が減ってしまい，十分な行政サービスが行えないことがあります。

　　エ　寄附を集めるために，過剰な返礼品やサービスを提供する自治体が出てくることが心配されます。

問２　下線部①に関連して，地域で作られた農産物をその地域内で消費することを何といいますか。漢字４字で答えなさい。

問３　下線部②に関連して，全国のブランド牛とその産地である都道府県の組み合わせとして誤っているものを，次のア〜エの中から１つ選び，記号で答えなさい。

　　ア　近江牛－静岡県　　　イ　米沢牛－山形県　　　ウ　松阪牛－三重県　　　エ　神戸ビーフ－兵庫県

問４　下線部③について，岐阜県を流れる木曽三川は，木曽川，長良川とあと一つは何ですか。

問５　下線部④について，次のグラフは日本のスティルワインの国別輸入量の割合（2019年）を表したものです。このグラフに関連して，あとの問いに答えなさい。

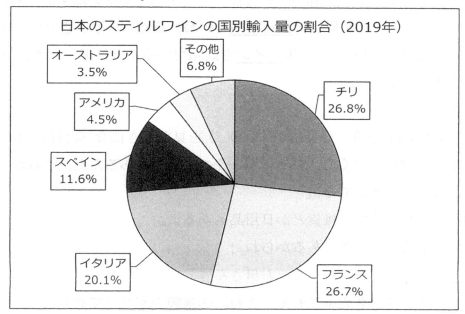

（メルシャン株式会社「ワイン参考資料」より作成）

（１）チリの形として正しいものを，次のア〜エの中から１つ選び，記号で答えなさい。

ア　　　　　　　イ　　　　　　　ウ　　　　　　　エ

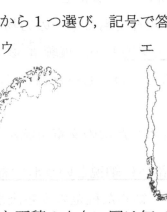

※縮尺は一定ではありません

（２）イタリアの首都ローマの市内にあり，世界で最も面積の小さい国は何ですか。

（３）オーストラリアの国旗として正しいものを，次のア〜エの中から１つ選び，記号で答えなさい。

ア　　　　　　　イ　　　　　　　ウ　　　　　　　エ

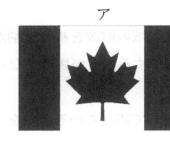

問６　文中の空欄（　⑤　）に入る，飼いならした鳥を使って鮎などの川魚をとる伝統的な漁法を答えなさい。

問７　下線部⑥について，伝統的な和紙の原料として正しいものを，次のア〜エの中から１つ選び，記号で答えなさい。

　　ア　うるし　　　イ　こうぞ　　　ウ　くわ　　　エ　べにばな

問８　下線部⑦に関連して，飛騨地方では古くから林業がさかんでしたが，近年では林業で働く人が少なくなっています。それはなぜですか。理由を２つあげて，簡潔に説明しなさい。

問９　文中の空欄（　⑧　）に入る自治体の名前を答えなさい。

問10　下線部⑨について，次の表は陶磁器（とうじき）の出荷額（2017年）の上位５県とその割合を表したものです。岐阜県以外の４県にゆかりのある有名人について述べた文として誤っているものを，あとのア〜エの中から１つ選び，記号で答えなさい。

	1位	2位	3位	4位	5位
県名	岐阜県	佐賀県	長崎県	三重県	石川県
割合	43.1%	16.1%	10.0%	7.0%	5.8%

（経済産業省「工業統計」より作成）

ア　佐賀県出身の有名人に，立憲改進党をつくった大隈重信（おおくましげのぶ）がいます。

イ　長崎県にゆかりのある有名人に，江戸時代に出島を訪れたシーボルトがいます。

ウ　三重県出身の有名人に，『奥の細道』で知られる松尾芭蕉（ばしょう）がいます。

エ　石川県にゆかりのある有名人に，加賀藩（かがはん）の大名となった武田信玄がいます。

問11　岐阜県では「令和２年７月豪雨（ごうう）」で被災（ひさい）した方への支援金（しえんきん）も，ふるさと納税を通して募集（ぼしゅう）しています。災害の被害を減らすための取り組みとして，避難場所や避難経路，災害のおきやすい場所などを記した地図が地域でつくられています。このような地図を何といいますか。

問12　岐阜県と接している県は全部でいくつあるか，答えなさい。

2　大介さんは，小学校で学習した近代以降の大きな出来事をまとめてみることにしました。下の図Ⅰ〜Ⅵは主な出来事に関する写真や絵を年代の新しいものから順番に並べたものです。これらを見て，あとの問いに答えなさい。

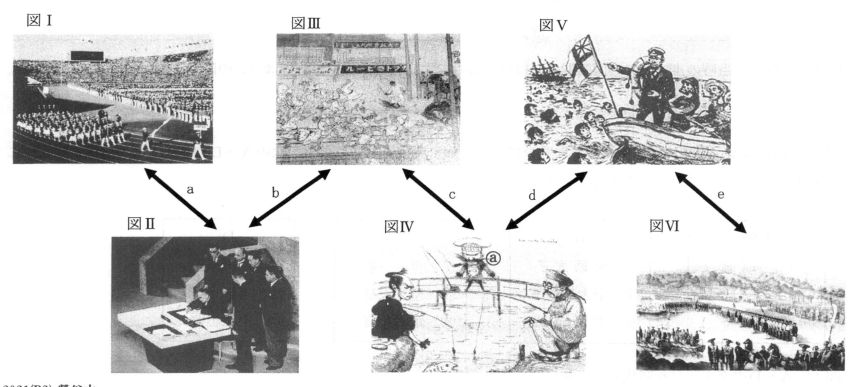

図Ⅰ　　　　図Ⅲ　　　　図Ⅴ

a　　b　　c　　d　　e

図Ⅱ　　　　図Ⅳ　　　　図Ⅵ

ⓐ

問1　大介さんは，図Ⅰ～図Ⅵに関連する出来事について，説明文をつくりました。その内容として誤っているものを，次のア～カの中から1つ選び，記号で答えなさい。

ア　図Ⅰ　1964年に東京で開かれた，アジアで初めてのオリンピックの開会式の様子です。このころ，日本の産業は急速に成長しており，オリンピックを見に来た外国の人々は，日本の復興ぶりに目を見張りました。

イ　図Ⅱ　1951年にアメリカで開かれた講和会議で，日本が48の国々と平和条約を結んでいるときの様子です。これにより日本は独立を回復しました。

ウ　図Ⅲ　1918年に全国で起きた米騒動の様子を表したものです。第一次世界大戦の終わりごろから米の値段が急に高くなり，人々が民衆運動を起こしました。

エ　図Ⅳ　1894年に朝鮮で内乱が起きると，日本と清国それぞれが軍隊を朝鮮に送り，両国間で戦争が始まりました。

オ　図Ⅴ　1890年にトルコの軍艦エルトゥールル号が日本の近海で沈没しました。この時に，近くの日本の人たちがそうなん者の救助や手当などにつくし，全国からも多くの物資が寄せられました。

カ　図Ⅵ　1853年にアメリカ合衆国の使者ペリーが4せきの軍艦を率いて日本に現れ，大統領の手紙を幕府に渡して開国を求めました。

問2　次の（あ）～（お）の出来事はどの時期に起こりましたか。前ページの図中a～eの中から1つずつ選び，記号で答えなさい。

（あ）日露戦争が起こる　　　（い）満州事変が起こる　　　（う）日本が国際連合に加盟する

（え）韓国併合が行われる　　（お）廃藩置県が行われる

問3　図Ⅵの出来事が起こった場所を，次の地図中A～Fの中から1つ選び，記号で答えなさい。

問4　図Ⅳは，当時の東アジアの国際関係を描いたものです。⒜が表しているのはどこの国ですか。国名を答えなさい。

3　千穂さんは，歴史の学習で自分が興味を持った人物を時代ごとにまとめ，次のA～Dのグループに分けました。これをもとにして，あとの問いに答えなさい。

A	B	C	D
① 足利義満	④ 聖徳太子	⑦ 行　基	⑩ 徳川家光
② 足利義政	⑤ 中大兄皇子	⑧ 聖武天皇	⑪ 本居宣長
③ 雪　舟	⑥ 中臣鎌足	⑨ 鑑　真	⑫ 伊能忠敬

問1　A～Dのグループを時代の古い順に並べかえなさい。

問2　次のア・イの文は，A～Dのいずれかの時期における人々の願いや楽しみについてまとめたものです。どの時期について述べたものか，当てはまる時期をA～Dの記号で答えなさい。

> ア　城下町の芝居小屋は，いつも大勢の人でにぎわっており，芝居見物は人々にとっておおきな楽しみでした。人々の人気を集めた歌舞伎や人形浄瑠璃の作者（　　　　）は，歴史上に起きた事件に題材をえて，変化に富んだ150編もの脚本を書きました。代表作に「国姓爺合戦」などがあります。

> イ　部屋の床はたたみがしきつめられ，板戸ではなく，障子やふすまで仕切られるようになりました。これは，住宅の中で客をもてなすための部屋として発達しました。また，お茶を飲む風習が広まっていき，床の間をかざるための生け花も発展しました。

問3　アの文中の（　　　　）に入る人物名を答えなさい。

問4　イの文中の下線部について，このようなつくりを何といいますか。

問5　グループDの⑪の人物は，中国から仏教や儒教が伝わる前の日本人が持っていた考え方を熱心に研究しました。この人物が35年間かけて完成させた書物の名前を答えなさい。

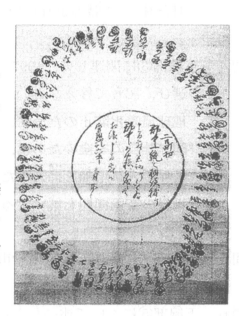

問6　右の図は，Dのグループの時代に現在の岐阜県郡上市で起こった百姓一揆の際につくられたもので，紙の真ん中に向かって別々の方向から名前が書かれていることから，からかさ連判状と呼ばれてます。なぜ，このような形で名前が書かれたのか，20字以内で説明しなさい。

4　次の文章を読んで，あとの問いに答えなさい。

　①日本漢字検定協会がその年をイメージする②漢字一字を全国から募集し，「今年の漢字」として③京都の清水寺で12月に発表します。2011年は「絆」でした。その年の3月，東日本大震災が発生し，東北④地方を中心に広い範囲で大きな被害が出ました。最大震度7に達する地震と，それによって発生した津波が東北地方を中心とする太平洋沿岸を襲い，多くの犠牲者が出ました。また福島第一原子力発電所で事故が起こり，大量の放射性物質が放出され，今なお避難先の住宅などで生活している人がいます。国は，東日本大震災の復興を迅速に進めるために6月には⑤国会の審議を経て東日本大震災復興基本法を成立させ，翌年（　　　　）庁を設置しました。

　この時，深刻な被害にあった日本に多くの国や地域から救援隊が来て，行方不明者を捜索したり医療活動やがれきの撤去作業などを行いました。また，たくさんの支援物資や寄付金も届き，私たちは⑥人と人とのつながり「絆」の大切さに改めて気づきました。

　東日本大震災をきっかけに，⑦防災やエネルギーなど，持続可能な社会の建設という考えの上に立って，日本が抱える課題を解決しようとする取り組みが進んでいます。防災の分野では，防災への取り組みが広く行われるようになり，エネルギーの分野では⑧再生可能エネルギーの導入が進んでいます。

　昨年，新型コロナウイルス⑨感染症の拡大で，私たちの生活は大きく変わりました。人と人との接触を減らすために，学校の休校や商店や会社の休業など今までにない生活を強いられ，国家間の移動も制限されました。東日本大震災から10年となる今年，変化する社会に応じた新たな人とのつながり「絆」への取り組みが大切になることでしょう。

問1　文中の（　　）に入る語を，漢字で答えなさい。

問2　下線部①に関連して，日本の伝統産業と県の組み合わせとして正しいものを，次のア～エの中から1つ選び，記号で答えなさい。

ア　輪島塗り―鳥取県　　　イ　丹後ちりめん―群馬県

ウ　高岡銅器―富山県　　　エ　有松絞り―栃木県

問3　下線部②に関連して，漢字を使用する国の一つである中国（中華人民共和国）について述べた文として誤っているものを，次のア～エの中から1つ選び，記号で答えなさい。

ア　アメリカとほぼ同じ広さの国土に約14億人が住んでいます。

イ　首都はペキンです。

ウ　沿岸地域に経済特区があり，たくさんの外国企業が進出しています。

エ　旧正月（旧暦の正月）をソルラルといい，家族が集まってお祝いする習慣があります。

問4　下線部③に関連して，1997年に京都市で採択された京都議定書の内容として正しいものを，次のア～エの中から1つ選び，記号で答えなさい。

ア　地球温暖化防止のために，温室効果ガスの排出量を減らすことを先進国に義務付けたものです。

イ　国際社会の安全のために，核兵器の所有を現在の核保有国に限定するものです。

ウ　世界の人口増加を抑えるために，一家族につき子どもを持てる数を2人までとするものです。

エ　世界の貧困問題を解決するために，先進国に発展途上国への食糧支援・資金援助を義務付けたものです。

問5　下線部④に関連して，県や市など地方自治体で制定される法を何といいますか。

問6　下線部⑤について述べた文として誤っているものを，次のア～エの中から1つ選び，記号で答えなさい。

ア　憲法改正を発議する　　　　　　イ　内閣総理大臣を指名する

ウ　最高裁判所の長官を指名する　　エ　裁判官を裁くための裁判を行う

問7　下線部⑥に関連して，災害時に自主的に被災地などにかけつけ，たき出しやがれきの撤去など，復旧や復興のために働く人々が多くいます。このようなみずからの意志で行われる慈善活動をなんといいますか。解答欄に合うようにカタカナ6字で書きなさい。

問8　下線部⑦に関連して，現在9月1日は防災の日となっています。防災の日がこの日に定められた理由を，簡潔に説明しなさい。

問9　下線部⑧について，再生可能エネルギーを利用した発電方法にあたらないものを，次のア～カの中からすべて選び，記号で答えなさい。ただし，答えは1つだけの場合もあります。

ア　太陽光発電　　イ　地熱発電　　ウ　火力発電　　エ　風力発電　　オ　原子力発電　　カ　バイオマス発電

問10　下線部⑨に関連して，日本の行政機関の一つで，人々の健康や医療の向上・増進や，働く環境の整備などを担当する省の名前を書きなさい。

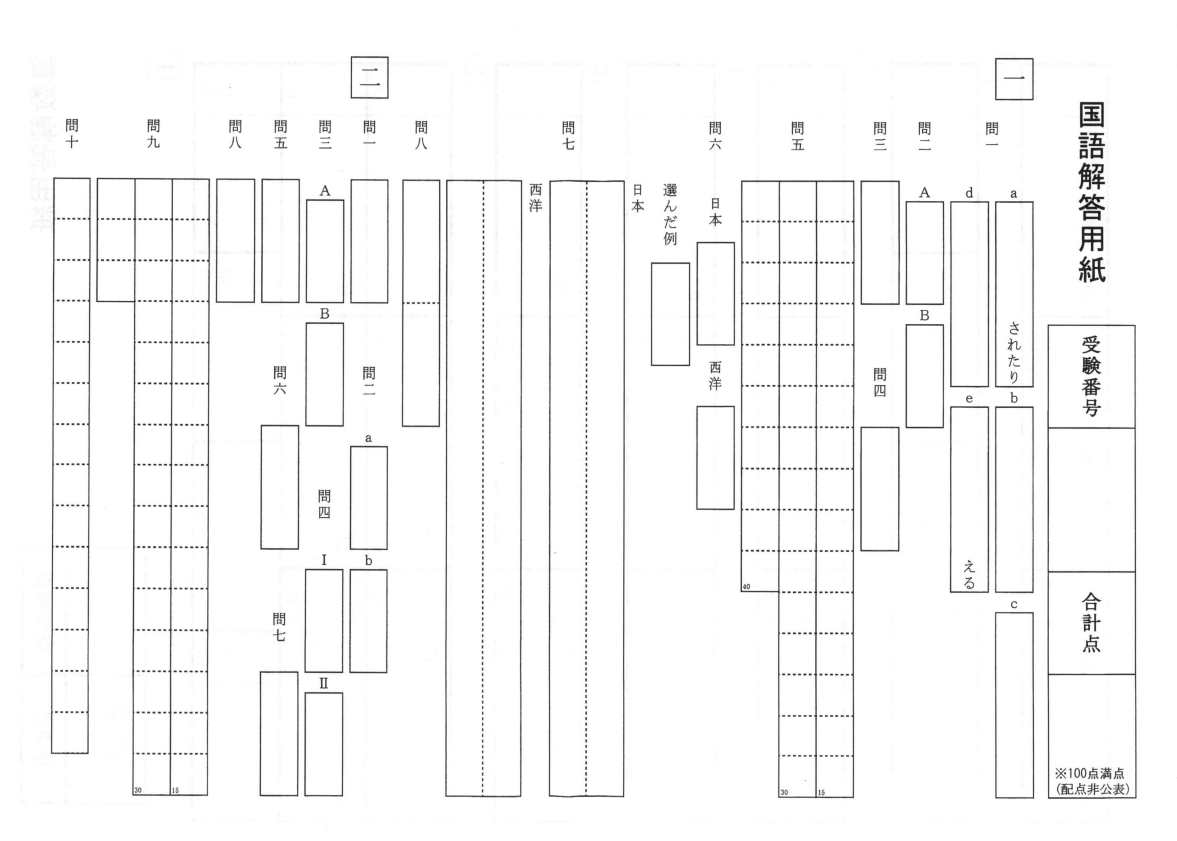

国語解答用紙

受験番号

合計点

※100点満点
（配点非公表）

算数解答用紙

受験番号	合計点
	※100点満点 (配点非公表)

1

(1) ①		(1) ②		(1) ③		(1) ④	

(2)		(3)	点	(4)	cm²

(5)	度	(6)	cm³	(7)	時速 km

2

(1)	cm	(2)	cm²	(3)	cm

3

(1)	g	(2)	%	(3)	g

4

(1)		(2)		(3)	個

5

(1)		(2)		(3)	段目の 番目

6

(1)	m	(2) ①	時 分	(2) ②	分速 m

理科解答用紙

受験番号	合計点
	※50点満点 （配点非公表）

1

問1		問2	
問3		問4	
問5	側　理由		
問6		問7	花　　　　　実

2

問1	％	問2	g
問3			
問4	g		
問5			

3

問1		問2		問3	
問4		問5		問6	

4

問1	レンズ	問2	記号　　　　　明るさ　　　　　倍		
問3				問4	cm
問5	cm	問6	度	問7	度

社会問題解答用紙

受験番号	合計点
	※50点満点 （配点非公表）

1

問1		問2	問3	問4
（1）	（2）			

問5			問6	問7
（1）	（2）	（3）		

問8	問9	問10
	問11	問12

2

問1	問2			
	（あ）	（い）	（う）	（え）

問2	問3	問4
（お）		

3

問1	問2		問3
→ → →	ア	イ	

問4	問5	

問6
｜ ｜ ｜ ｜ ｜ ｜ ｜ ｜ ｜ ｜ ｜ ｜ ｜ ｜ ｜ ｜ ｜ ｜ ｜

4

問1	問2	問3	問4	問5

問6	問7	
	｜ ｜ ｜ ｜	

問8	問9	問10

一　次の文章およびグラフを読み、あとの問いに答えなさい。ただし、解答するときは句読点や記号、「　」も字数に数えることとします。

これまでの温暖化対策

では、これまで温暖化に対してどのような対策が行われてきたのでしょうか？

地球温暖化が人間の活動によるものだということがわかってきたのが1980年代のこと、1990年から国連の場で、世界約200か国が集って温暖化対策を議論してきました。そして20年以上かかって、2015年にようやく世界のすべての国が参加する「パリ協定」という温暖化対策の国際条約が結ばれたのです。

パリ協定に至るまでの国際交渉は苦難の連続でした。1992年にブラジル・リオで行われた環境と開発に関する国連会議で、「温暖化による被害がaシンコクになるから、みんなで温室効果ガスを減らさなければならない」ということに合意し、はじめての温暖化防止条約「気候変動枠組み条約」が成立しました。大気を温めるガスは主に二酸化炭素ですが、これを減らすということには　A　でも、自分の国が多く減らすのは、どの国も嫌なんです。大気を温めるガスは主に二酸化炭素ですが、これを減らすということには、その国の産業活動に直結します。どの国も経済成長を目指しますから、産業活動は　B　したくない。それで各国は自主的に努力しましたが、結局世界の二酸化炭素排出量は全然減りませんでした。

そこで今度は、①国ごとに具体的に何%減らすという削減目標を定めた「京都議定書」という国際条約が1997年に合意されました。京都で行われた国連会議で決まったので京都議定書という名前がついています。

このときは、これまでに起きている温暖化は、いままで産業活動をして二酸化炭素を大気中に出してbハッテンしてきた先進国の責任がより重いということで、先進国が率先して温室効果ガスの排出量を下げましょうということになりました。

そこで、日本や欧州連合（EU）、カナダ、オーストラリアなどの先進国だけに削減目標が課されました。しかし欧州連合以外のほとんどの国は、最初の約束期間で温室効果ガスの排出量を下げることができなかったのです。

さらに京都議定書では、削減目標を達成できないと罰則が科されました。その　C　拘束力の強さを嫌って、抜けていく国が後をcタちませんでした。②アメリカは最初から入らないと言い、カナダは途中で抜け、日本も次の期間では削減目標すら掲げなかったのです。

パリ協定が成立できたわけ

せっかく強く約束を守らせる力のある国際条約であっても、各国ともに削減目標は自分の国で決めるということになりました。それなら、みんな目標を守らないんじゃないか？と思いますよね。パリ協定なのです。

　X

パリ協定は、③京都議定書の失敗をふまえて、各国ともに削減目標は自分の国で決めるということになりました。そしてその目標を達成しなくても罰則はないことになります。

どういうことかというと、まずそれぞれの国が、自分たちで決めて国連に出します。世界各国が同じルールで二酸化炭素などの温室効果ガスの排出量を自分で算定して、国連に報告し、本当に目標通り温室効果ガスを減らしているかということを、国連から派遣された専門家調査団がチェックします。本当に日本は対策をやっているの？とチェックされて国際的にさらされますので、それで守っていこうという気持ちにさせる、というやり方なのです。世界200か国のうちほんの10か国くらいが、二酸化炭素の全排出量の約70%を出しています。大国というのは体面、すなわち国際的な信用を重視します。パリ協定において、国際的に同じルールで自国の削減の様子を監視される仕組みは、いわば「国際的なさらし者制度」なので、約束したことを守ろうという心理面をついた条約なのです。

　Y

　Z

厳しすぎて条約から抜ける国を出さないために、目標達成を義務としなかった。しかし、目標達成を促すために、同じ制度のもとで同じルールで報告して、国際的に達成状況をさらす仕組みができたのです。

この仕組みのおかげで、すべての国が参加するパリ協定の枠組みができたのです。④それをなんとか守らせる仕組みが入ったのが、パリ協定なのです。

⑤先進国・途上国を問わず、エネルギーをどう選ぶ？

（小西雅子『地球温暖化を解決したい　エネルギーをどう選ぶ？』岩波ジュニアスタートブックスより　本文の表記を一部改めたところがある。）

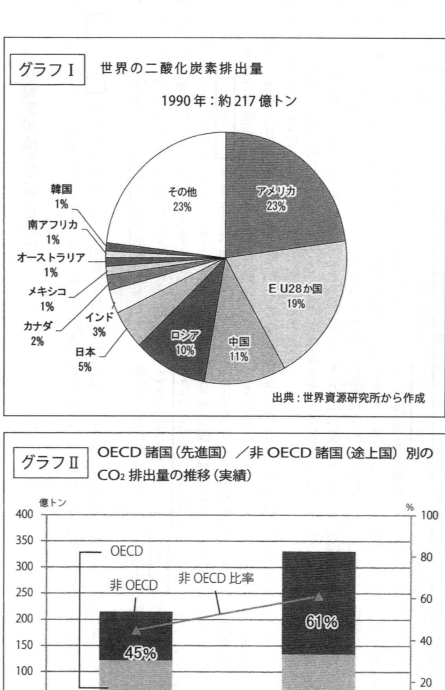

グラフⅠ　世界の二酸化炭素排出量

1990年：約217億トン

その他 23%
アメリカ 23%
韓国 1%
南アフリカ 1%
オーストラリア 1%
メキシコ 1%
カナダ 2%
インド 3%
日本 5%
ロシア 10%
中国 11%
ＥＵ28か国 19%

出典：世界資源研究所から作成

グラフⅡ　OECD諸国（先進国）／非OECD諸国（途上国）別の CO₂排出量の推移（実績）

OECD
非OECD
非OECD比率

45%
61%

1990　2013

出典：IEA「WorldEnergy Outlook2015」から作成
移動発生源は除く

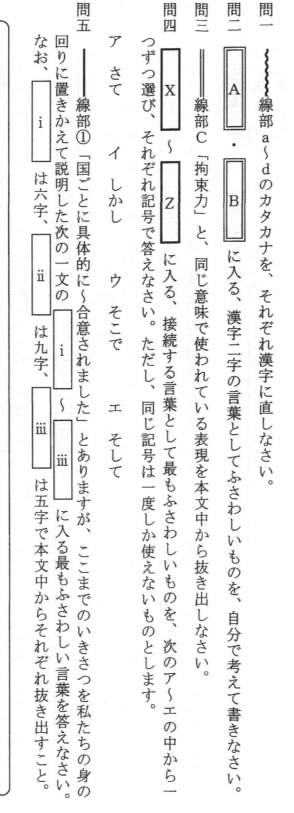

問一　――線部a〜dのカタカナを、それぞれ漢字に直しなさい。

問二　 A ・ B に入る、漢字二字の言葉としてふさわしいものを、自分で考えて書きなさい。

問三　＝＝線部C「拘束力」と、同じ意味で使われている表現を本文中から抜き出しなさい。

問四　 X 〜 Z に入る、接続する言葉として最もふさわしいものを、次のア〜エの中から一つずつ選び、それぞれ記号で答えなさい。ただし、同じ記号は一度しか使えないものとします。

ア　さて　　イ　しかし　　ウ　そこで　　エ　そして

問五　――線部①「国ごとに具体的に〜合意されました」とありますが、ここまでのいきさつを私たちの身の回りに置きかえて説明した次の一文の i 〜 iii に入る最もふさわしい言葉を答えなさい。なお、 i は六字、 ii 、 iii は五字で本文中からそれぞれ抜き出すこと。

みんなでゴミ（＝ i ）を削減しようと決めた（＝ ii ）が、大変だし、お金もかかる。まあ誰かがやるだろうと全員無責任になってしまい、結局世界全体でゴミは減らなかった。そこで各自が削減する分を明らかにして、強制的に守らせる（＝ iii ）ようにしよう。そうしたらみんな否応なく一生懸命に取り組まざるを得ないから、世界全体でゴミを削減できるだろう。

問六　――線部②「アメリカは最初から入らないと言い」とありますが、このことは「京都議定書」にとってどのような意味を持ちますか。グラフⅠを参考にして、解答欄に合わせて五十字以内で説明しなさい。

問七　――線部③「京都議定書の失敗」とありますが、この失敗を招いた要因を二点に分けて、それぞれ二十字程度で書きなさい。

問八　――線部④「それをなんとか守らせる仕組み」とありますが、この「仕組み」を分かりやすく説明した表現を本文中から十字程度で抜き出しなさい。

問九　――線部⑤「先進国・途上国を問わず、すべての国が参加するパリ協定の枠組みができた」とありますが、「京都議定書」と比べて、「パリ協定」では「先進国・途上国を問わず」となったのはなぜだと考えられますか。グラフⅡを参考にして、解答欄に合わせて説明しなさい。

二　小学六年生の木村雅彦は、成績優秀でスポーツ万能の優等生だが、ひとつ大きな秘密を持っている。次の場面は、その秘密を姉の洋子がからかい、腹が立ったため姉が大事にしている部屋に内緒で入り込んだところである。このあとに続く次の文章を読み、あとの問いに答えなさい。ただし、解答するときは句読点や記号、「　」も字数に数えることとします。

一発、二発たたかれるぐらいは、かまわない。野球の練習や試合で何度もデッドボールを受けてきたから、そんなのは我慢できる。だけど、仕返しに友だちの誰かにおねしょのことを話されたらと想像すると、体の芯からぞっとする。

スポーツ少年団のキャプテンのほかに、新学期からは学校の児童会とこの地区の子ども会の会長にもなる自分の、これまで積みあげてきたイメージが吹っ飛ぶだけじゃない。「おねしょ会長」とか、「嘘つきおもらし人間」とか、「オムツ野郎」とか陰で言われて、みんなに仲間はずれにされるに決まってる。「木村さんとこのマー君、まだおねしょするんだって」と言いふらす。中学生や高校生になっても、きっと、「あいつ今でもおねしょしてるらしいぞ」と誰かが噂を流すだろう。それどころか、ぼくが生きているかぎり、ずっとバカにされつづけるに違いない。いやいやいや、もしもぼくがみんなより早く死んだら、ぼくは死んでからも笑われつづける。

……まだ言葉でしか知らない「奈落の底」が本当にどこかにあるとしたら、それはきっと、ぼくのおねしょが家族以外の誰かに知られたときの、この世界全体だ。ばれたら最後、ぼくのおねしょができたくぼみや皺をていねいに直した。あ_a_あざ笑う

$$\boxed{X}$$ 。

《晩年》はすぐに読めたけど、〈太宰治〉は、自信がなかった。初めて見る名前だった。折れ目がつかないよう慎重にカバーをめくってみると、カバーの折り返しにも〈太宰治〉の文字があり、その下に〈Dazai Osamu〉とアルファベットがならんでいた。

「だざい、おさむ」

ぼくは名前の横にある太宰治のモノクロ写真に見入った。髪をざっくりと後ろに流し、左手で頬づえをついた男の目はくぼんでいた。どこか一点を見つめているようだけど、実は何も見ていないような目だった。頬も深くこけていて、どう見ても不健康そうだった。ぼくは目次につづいて《晩年》の二文字だけが印刷された紙をめくり、〈葉〉という見出しがあるページで手をとめた。

「……葉?」

ぼくはその本を手に取り、カバーにあるタイトルと作者の名前をつぶやいた。

「ばんねん。だ…だしょう、おさむ?」

見出しと本文の間には、短い、詩のような文章があった。見なれない難しい漢字には、読みがながふられていた。

何も考えずにその三行を黙読して、ぼくは①息をのんだ。左右の目玉が急にふくらんだように感じながら、今度は唇を動かした。

「撰ばれてあることの、恍惚と不安と、二つわれにあり」

初めて見た〈恍惚〉の文字も、文章の②意味は、一瞬でわかった。

これはぼくのことだ、と思った。

「撰ばれてあることの、恍惚と不安と、二つわれにあり」

もう一度声に出して読みなおしたぼくは、そのまま呼吸をとめて文庫本と向きあった。三行に分かれて縦にならんでいる文章とその左斜め下にある※〈ヴェルレェヌ〉の文字が、ふくらんだ③目玉にぺったりと貼りついた。

本を机にもどして洋子姉ちゃんの部屋から出たぼくは、すぐに自分の部屋に入って机に向かい、おねしょ対策用のノートを取りだした。それから最後のページを開き、目の前にはっきりと浮かんでいる文字を2Bの鉛筆で書きうつした。

　　撰ばれてあることの
　　恍惚と不安と
　　二つわれにあり

　　　　　　　　ヴェルレェヌ

文庫本の配置をまねして〈ヴェルレェヌ〉は正面にあった国語辞典を手に取った。この辞典は洋子姉ちゃんが中学時代に使っていたもので、高校受験が終わった日の夜、本人から手渡された。「気になった言葉は自分で調べなあかんよ。そうしたら、その言葉はいつか、あんたのものになるでね」と洋子姉ちゃんは誇らしげにぼくにくれたけど、初めて調べる言葉が恍惚なんて……。ぼくはうっすらと手垢が残るページをめくって四〇四ページで指をとめ、〈恍惚〉の意味をたしかめた。

【恍惚】
㊀ある物事に心を奪われて、我を忘れる様子。美しいものに接して、うっとりする様子。「―感」
㊁※有吉佐和子の小説「恍惚の人」で広まった」「※もうろく」の※えんきょく表現。

㊀の「もうろく」がちょっと気になったけど、㊀の内容は予想どおりだった。

④この樹の裏側にカブトムシがいると思って本当にいたとき、学年で男子から一番人気のある酒井寛子が期待どおり自分にだけバレンタインデーのチョコレートをくれたとき、これから三十数える間にあの雲が二つに分かれると念じて本当にそのとおり二つに分かれたとき……ぼくはうっとりした。そんな体験をして夕食のときに家族に話すと、お母さんは笑いながら、「あんまりうぬぼれちゃあかんよ」と忠告した。洋子姉ちゃんは毎回、「マサはあいかわらず自信過剰で困ったもんだわ」と嫌味を言った。お父さんはいつもどおりビールを飲んでぼんやりとテレビを見たまま、何も言わなかった。

クラスメートが誰も解けない算数の問題を黒板を使って解いたとき、写生大会で校舎の壁に射した影を絶妙の墨色で描けたとき、バッターをのけぞらせたカーブがキャッチャーのかまえたミットにすっぽりおさまったとき、

「選ばれちゃったんだな、おれ」
ぼくはペンケースから赤鉛筆をとり、国語辞典の〈恍惚〉を丸い線で囲んだ。それから辞典をとじ、今度は自分の不安について考えた。
期待どおり身長が伸びはじめた今、ぼくがかかえている不安は二つだった。一つはもちろん、おねしょ。そしてもう一つは、音痴だった。

音楽の授業で歌唱テストがあるたび、ぼくが歌いはじめて三、四小節目にはクラスの誰かが笑いだした。そのうちに半分ぐらいが声を出して笑い、残りの半分はびっくりした目をこちらに向けてきた。音痴のせいか音楽の評価はいつも3か4しかもらえず、どうしても夢のオール5を達成することができずにいた。

「でもまあ、クラスメートに笑われるってのは、⑤悪いことばっかじゃないでね」
通知表を見ながらお母さんがそう言ったのは、五年生の一学期が終わった日の夜だった。「なんでもできてスキのない人には、人が集まってこんで、たまに笑われるってのもええことだわ」とお母さんが話をつづけると、晩ご飯の食卓を囲んでいたお父さんと洋子姉ちゃんは、珍しくぴったり同時にうなずいた。
⑥でもなあ、修学旅行でおねしょしたら、笑われるだけじゃ終わらんからな……」
とじた国語辞典の上で両手を組み、窓の外をながめた。B棟の屋上にある給水塔に一羽のカラスがとまっていた。ぼくは、横を向いたまま動かないカラスをしばらくながめつづけた。

（長薗安浩『夜はライオン』より　本文の表記を一部改めたところがある。）

※ヴェルレェヌ……フランスの詩人。一八四四～一八九六。
※有吉佐和子……小説家。一九三一～一九八四。
※もうろく……おいぼれること。
※えんきょく……表し方が、遠まわしなこと。

問一　次の＝＝線部の「れる」について、はたらきが他と異なるものを、ア〜エの中から一つ選び、記号で答えなさい。

ア　一発、二発たたかれるぐらいは、かまわない
イ　みんなに仲間はずれにされるに決まってる
ウ　ある物事に心を奪われて、我を忘れる様子
エ　たまに笑われるってのもええことだわ

問二　～～線部a・bの言葉の意味として最もふさわしいものを、あとのア～エの中からそれぞれ選び、記号で答えなさい。

a　あざ笑う
ア　大きな声で笑う
イ　こっそり笑う
ウ　ばかにして笑う
エ　満足して笑う

b　古めかしさ
ア　新鮮さがないこと
イ　整っていないこと
ウ　難解であること
エ　昔風であること

問三　――線部「太宰治」の作品を、次のア～エの中から一つ選び、記号で答えなさい。
ア　蜘蛛の糸　イ　走れメロス　ウ　坊っちゃん　エ　よだかの星

問四　| X | に入る一文として最もふさわしいものを、次のア～エの中から選び、記号で答えなさい。
ア　おねしょの世界にぼくがいる
イ　家族といっしょに奈落の底へいこう
ウ　世界がぼくを許さない
エ　奈落の底からはい上がるしかない

問五　――線部①「息をのんだ」とありますが、このときの「ぼく」の気持ちとして最もふさわしいものを、次のア～エの中から選び、記号で答えなさい。
ア　怒り　イ　恐れ　ウ　驚き　エ　喜び

問六　――線部②「意味は、一瞬でわかった」とありますが、この内容を説明した次の一文の | A | 〜 | B | に入る最もふさわしい言葉を答えなさい。ただし、| A | は四字、| B | は二字で本文中からそれぞれ抜き出すこと。また、| C | は自分で考えて漢字二字で書くこと。

> 「ぼく」はスポーツ少年団のキャプテンを務めるなど、おねしょの秘密がばれることで自分の立場がなくなるのではないため、太宰治の《葉》という見出しに続いていた短い、詩のような文章に強く | A | してきたとともに、| B | になっていた | C | したから。

問七　――線部③「目玉にぺったりと貼りついた」とありますが、同じ意味で使われている表現を本文中から抜き出しなさい。

問八　――線部④「この樹の裏側にカブトムシが～本当に分かれたとき」とありますが、「晩ご飯」というテーマで同じような例を自分で考えて書きなさい。

問九　――線部⑤「悪いことばっかじゃないでね」とありますが、それはなぜですか。四十字以内で説明しなさい。

問十　――線部⑥「でもなあ、修学旅行でおねしょしたら、笑われるだけじゃ終わらんからな……」とありますが、「修学旅行でおねしょ」をした場合に予想される事態としてふさわしくないものを、次のア～エの中から一つ選び、記号で答えなさい。
ア　姉に「おねしょ会長」と言いふらされる
イ　生きているかぎり、ずっとバカにされつづける
ウ　マンションの母親たちに陰口を言われる
エ　みんなに仲間はずれにされる

令和４年度　鶯谷中学校入学試験問題　算　数（その１）

(50分)

1　次の(1)〜(7)の問いに答えなさい。ただし，円周率は3.14とします。

(1)　次の計算をしなさい。

①　$18 \div \{12 + (13 - 9) \times 3 - 60 \div 4\}$

②　$0.63 \div 0.7 + \{0.9 \times 9 - (7.2 \div 0.8 - 0.4 \times 5)\}$

③　$\left(\dfrac{5}{6} - \dfrac{4}{5} + \dfrac{3}{4} - \dfrac{2}{3} + \dfrac{1}{2} \right) \times 60$

④　$\left\{ 1 - \dfrac{7}{20} \div \left(\dfrac{2}{5} \div \dfrac{1}{7} \right) \right\} \div 4 \times 2$

(2)　いくつかのおかしがあります。そのうちAさんが$\dfrac{1}{6}$，Bさんが$\dfrac{3}{10}$，Cさんが$\dfrac{2}{5}$をもらったところ，おかしは8個残りました。最初にあったおかしの個数を求めなさい。

(3)　4と9の間にあって5を分母とする分数の中で，これ以上約分することができない分数（例えば$\dfrac{21}{5}$）の個数を求めなさい。

(4)　（図1）において，色のついた部分の面積を求めなさい。

（図1）

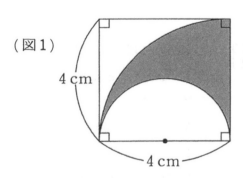

(5)　（図2−①）のように正三角形を4枚使って立体を作り，各頂点からの長さが等しい点を結んで線を引きました。その後，（図2−②）のように展開しました。線AB以外の部分の線を解答用紙の展開図に書き込みなさい。

（図2−①）　　　　　　　（図2−②）

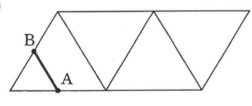

(6)　（図3）のように中心がOである半径2cmの円を，1辺の長さが8cmの正方形の辺にそって，すべることなく転がして1周させるとき，点Oが動いてできる線と正方形の辺で囲まれた部分の面積を求めなさい。

（図3）

(7)　（図4）において，長方形⑤を，直線 ℓ を軸として1回転してできる立体を「立体L」，直線 m を軸として1回転してできる立体を「立体M」とします。「立体L」と「立体M」の体積の差は何cm³か求めなさい。

（図4）

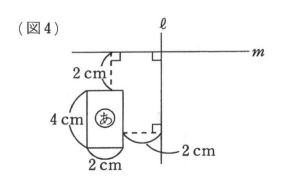

2　　ばねののびる長さは，ばねにつるすおもりの重さに比例します。あるばねに，20ｇのおもりをつるすとばねの長さは21 cmになり，30ｇのおもりをつるすとばねの長さは26 cmになりました。次の問いに答えなさい。

(1)　おもりをつるしていないとき，ばねの長さを求めなさい。

(2)　50ｇのおもりをつるしたとき，ばねの長さを求めなさい。

(3)　ばねの長さが30 cmになったとき，おもりの重さを求めなさい。

3　　ある遊園地の入場料は１人あたり900円です。10人以上の団体は１人あたり900円の１割引きで入場することができます。しかし，今は特別期間として，25人までなら何人でも18000円で入場することができる「オトク券」が販売されています。最も安く入場する方法を選ぶものとして，次の問いに答えなさい。

(1)　17人の団体が入場するためには，いくら必要か求めなさい。

(2)　23人の団体が入場するためには，いくら必要か求めなさい。

(3)　27000円以内では，最大何人まで入場することができるか求めなさい。

4　　年末年始には多くのお寺で「除夜の鐘」を108回鳴らします。近くにあるA寺とB寺は大晦日（12月31日）の午後11時ちょうどに最初の鐘を同時に鳴らします。その後，A寺では40秒ごと，B寺では50秒ごとにそれぞれ鐘を鳴らします。2つの寺で同時に鳴った鐘はひとつに聞こえるものとします。次の問いに答えなさい。

(1)　A寺で最後の鐘を鳴らす時刻を求めなさい。

(2)　(1)で求めた時刻までに聞こえる鐘は何回か求めなさい。

(3)　A寺の50回目の鐘は，最初から数えて何回目に聞こえるか求めなさい。

5　　次のように，整数を１から1000まで並べました。
　　　　123456789101112131415………9989991000

次の問いに答えなさい。

(1)　数字は全部で何個あるか求めなさい。（例えば，１から15までで，数字は全部で21個あります。）

(2)　数字の１は全部で何個あるか求めなさい。（例えば，１から15までで，数字の１は全部で８個あります。）

(3)　最初から1000個目の数字を求めなさい。

6　　Aさん，Bさん，Cさん，Dさん，Eさんの５人の選手が，１周400 mのグラウンドを４周走る持久走を行います。持久走を開始した後，前半の２周を走った時点で，以下のようになりました。

> Bさんは，Aさんよりも９秒速い。　　Cさんは，Bさんよりも８秒遅い。
> Dさんは，Cさんよりも４秒速い。　　Eさんは，Dさんよりも２秒遅い。

このとき，次の問いに答えなさい。

(1)　AさんとEさんでは，どちらの選手がどれだけ速かったか答えなさい。

(2)　2位の選手を答えなさい。

(3)　4周を走り終わったとき，5人の順位と1位とのタイムの差は以下の表のようになりました。

	1位	2位	3位	4位	5位
選手	Dさん	Bさん	Cさん	Aさん	Eさん
１位とのタイムの差		1秒	3秒	6秒	8秒

このとき，後半の２周を一番速く走った選手を答えなさい。

（30分）

1　次の文章を読んで，あとの問いに答えなさい。

　図1はヒトの女性が妊娠したときのようすを表しており，図2はそのときのAの中のようすを表しています。ヒトは，女性の体内でつくられた卵と，男性の体内でつくられた精子が結びつき受精することで，新しい生命が誕生します。このとき，子どもは女性の体内のAの部分で，ある程度まで成長してからうまれてきます。Aの中はある液体Bでみたされています。子どもはへそのおを通じてCの部分とつながっています。

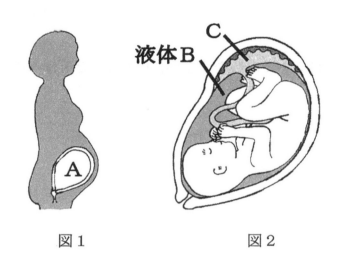

図1　　　　　　　　　図2

問1　ヒトの卵と精子の大きさとして当てはまるものを，次のア～オの中から1つずつ選び，記号で答えなさい。

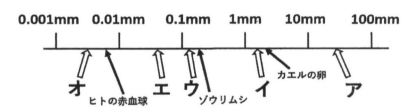

問2　図1のAの部分の名前を答えなさい。

問3　受精してからAの中にいる期間として最も近いものを，次のア～カの中から1つ選び，記号で答えなさい。

　　ア　約5週間　　　　　　　イ　約18週間　　　　　　ウ　約38週間
　　エ　約60週間　　　　　　オ　約108週間　　　　　　カ　約120週間

問4　図2の液体Bと，Cの部分の名前をそれぞれ答えなさい。

問5　液体Bの役割として正しいものを，次のア～ウの中から1つ選び，記号で答えなさい。

　　ア　液体Bにふくまれている酸素をつかって呼吸をおこなう。
　　イ　外部からの力をやわらげ，子どもを守る。
　　ウ　母親から運ばれてきた養分と，子どもの体内のいらなくなったものを交換する。

問６　メダカとヒトの子どもができるようすをくらべた説明として正しいものを，次のア～エの中から１つ選び，
　　　記号で答えなさい。

　　ア　メダカは体外で受精をおこなうが，ヒトは体内で受精をおこなう。
　　イ　メダカの子どもは卵の中にいる間は卵の中の養分をつかって成長するが，ヒトの子どもは母親の体内の液
　　　　体Ｂに含まれる養分をつかって成長する。
　　ウ　ヒトの子どもは母親の体内のＡの中にいるときに心臓が動いているが，メダカの子どもは卵の中にいると
　　　　きにはまだ心臓は動いていない。
　　エ　メダカの子どもは卵の中ではえらで呼吸をするが，ヒトの子どもはＡの中では口から酸素を取り入れて呼
　　　　吸をする。

2　ビーカーＡ，Ｂに20℃の水をそれぞれ50gずつ入れました。さらに，ビーカーＡには食塩，ビーカーＢには
ホウ酸をそれぞれ15g入れてよくかき混ぜました。表1を見て，あとの問いに答えなさい。

表1　水100gにとける固体の量

	20℃	40℃	60℃
食塩　[g]	35.8	36.3	37.1
ホウ酸[g]	5.0	8.9	14.9

問1　ビーカーＡでは，食塩がすべてとけました。あと何gの食塩をとかすことができますか。

問2　ビーカーＡの水溶液を60℃まで加熱しました。この水溶液に，食塩を0.5g加え，よくかき混ぜてとかします。これを何回かくり返したとき，すべてはとけず，一部がとけ残るようになりました。それは何回目ですか。

問3　ビーカーＢでは，ホウ酸がとけ残りました。何gのホウ酸がとけ残っていますか。

問4　ビーカーＢのホウ酸をすべてとかすためには，20℃の水を最低あと何g入れる必要がありますか。

問5　ビーカーＡ，Ｂの水溶液を40℃まで加熱し，よくかき混ぜ，それぞれの水溶液をろ過しました。ろ過した液体をそれぞれＣ，Ｄとします。Ｃ，Ｄに40℃の水をそれぞれ50gずつ加えたあと，20℃まで冷やしました。このときのＣ，Ｄのようすとして正しいものを，次のア～エの中から1つ選び，記号で答えなさい。ただし，ろ過する前とろ過したあとの液体の重さは変わらないものとします。

ア　Ｃ，Ｄともに変化がなかった。
イ　Ｃ，Ｄともに固体が出てきた。
ウ　Ｃには固体が出てきたが，Ｄには変化がなかった。
エ　Ｃには変化がなかったが，Ｄには固体が出てきた。

3 回路や，回路に使われる器具について，あとの問いに答えなさい。

問1　豆電球を乾電池につないだとき，豆電球の中で明るく光る部分を何といいますか。

問2　図3のように同じ豆電球2個を直列につないだときの明るさは，豆電球を1個だけつないだときと比べてどのようになりますか。正しいものを，次のア〜ウの中から1つ選び，記号で答えなさい。

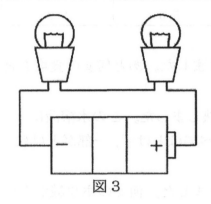

図3

ア　明るくなる　　　　　　　　イ　暗くなる　　　　　　　　ウ　変わらない

問3　豆電球1個と，同じ乾電池2個をつないで回路をつくるとき，豆電球がもっとも明るく光るのはどのようにつないだときですか。解答欄にある豆電球と乾電池2個を線でつなぎ，回路をつくりなさい。

問４　発光ダイオードという器具があります。これは決まった方向に電流が流れたときのみ，光るという特 徴 を
　　　持っています。記号で書いたときには，図４の向きでつなぐと発光ダイオードは光り，図５の向きでつなぐと
　　　発光ダイオードは光りません。

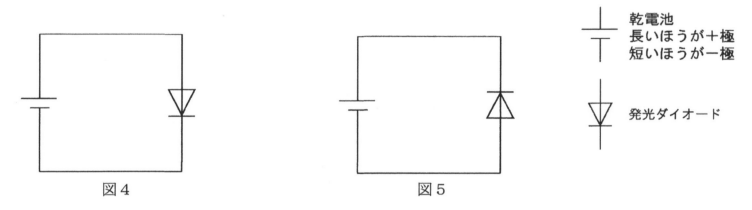

図４　　　　　　　　　　　　　　　　　図５

（１）　図６のように回路を組み立てたとき，光る発光ダイオードはどれですか。図６のア〜ウの中からすべて選
　　　び，記号で答えなさい。ただし，答えは１つの場合もあります。

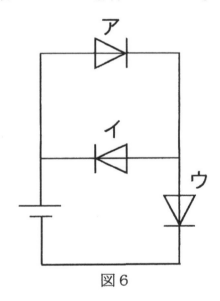

図６

（２）　図７の①～③には，発光ダイオードがある向きにつながっています。表２は，このときに電流計 a～d の針がふれたかふれなかったかを示しています。このことから，①～③につないだ発光ダイオードの向きとして正しいものを下のア，イからそれぞれ１つずつ選び，記号で答えなさい。

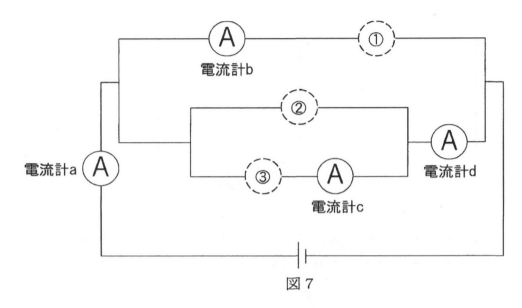

図７

表２

電流計	針のふれ
a	ふれた
b	ふれなかった
c	ふれなかった
d	ふれた

4　次の文章を読んで，あとの問いに答えなさい。

　図８のように，月はいつも同じ面を地球に向けながら地球の周りを回り，29.5日で満ち欠けをくり返しています。人々は月を見て，暦，民話，伝説，俳句などを作りました。与謝蕪村は「菜の花や月は東に日は西に」という俳句を詠んでいます。

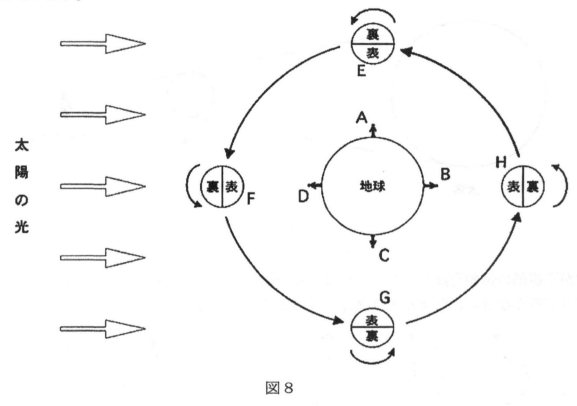

図８

問１　月の表面にはたくさんのくぼみがあります。これらは石や岩がぶつかってできたと考えられています。このくぼみを何といいますか。

問２　2007年，日本の人工衛星が月探査をおこない，月の表面を撮影しました。この人工衛星の名前を，次のア～キの中から１つ選び，記号で答えなさい。

　ア　ウラシマ　　　　イ　リュウグウ　　　　ウ　かぐや　　　　エ　ひまわり
　オ　コウノトリ　　　カ　あかつき　　　　　キ　はやぶさ

問３　地球から月面に置いた鏡に向けて光を当て，それが反射して戻ってくる時間を測定したところ，2.53秒でした。光の速さは毎秒30万kmであることから，地球と月の距離は約（　　　　）万kmになりました。（　）に入る数字を小数第１位を四捨五入して答えなさい。

問４　地球から太陽までの距離は約１億５千万 km であり，図９のように地球から月までの距離よりもはるかに大きいのですが，地球からは太陽と月はほぼ同じ大きさに見えます。また，月の直径は約 3500km，地球の直径は約１万 3000km です。太陽の直径は地球の直径の約何倍ですか。小数第１位を四捨五入して答えなさい。ただし，地球から月までの距離は問３で求めた値を用いなさい。

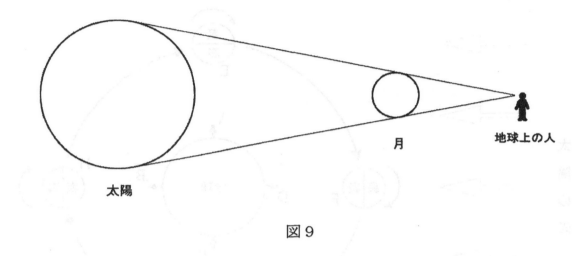

太陽　　　　　　　　　　　　　　　月　　　　　地球上の人

図９

問５　与謝蕪村が下線部の俳句を詠んだときの月はどんな形でしょうか。最も近いものを，次のア〜カの中から１つ選び，記号で答えなさい。ただしアは満月，カは新月を表すものとします。

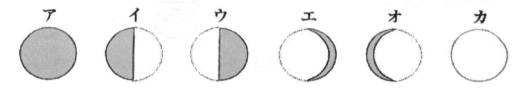

ア　　イ　　ウ　　エ　　オ　　カ

問６　太郎さんは 2021 年３月 28 日に，下線部の俳句のような景色を見ました。このときの太郎さんがいた地球上の位置と月の位置はどこですか。最も適当なものを，図８のA〜Hの中から１つずつ選び，それぞれ記号で答えなさい。

問７　太郎さんは 2021 年４月 14 日に，2021 年３月 28 日とほぼ同じ時刻に月を見ました。月はどんな形だったでしょうか。最も近いものを，問５のア〜カの中から１つ選び，記号で答えなさい。また，月が見えていた方角を東西南北で答えなさい。

（30分）

1　ゆうきさんは，インターネットで九州から北海道までが道路や鉄道でつながっていることを知り，夏休みを利用して，日本縦断の家族旅行を計画しました。次の文章は，旅行に際して家族で話し合った内容です。これを読んで，あとの問いに答えなさい。

ゆうき：「私が家のある鹿児島県から車で出発すると，青森県までは高速道路を降りることなく行くことができそうだよ。まずは九州自動車道を通って，①福岡県に向かうんだね。」

母さん：「九州と本州の間には（　②　）海峡があって，ここは，車で橋を渡ることができるね。」

ゆうき：「本州に入ると，山陽自動車道を通って，瀬戸内海の海沿いを通るようだよ。その先の③兵庫県は，我が国の時刻の基準となる，標準時子午線が通っている県だよ。」

父さん：「その先は，名神高速道路・東名高速道路を通って，東京まで行けるよ。東名高速道路は利用者が多くて，渋滞が増えたこともあり，新東名高速道路がつくられたんだ。全線開通はまだみたいだけど，通ってみようか。」

ゆうき：「新東名高速道路で通る④静岡県は，漁業や食品をつくる工業が発達しているって学校で学んだよ。福岡から東京までの高速道路が通っているところは，（　⑤　）とよばれる工業地域などが連なっているところに沿っているんだって。」

父さん：「東京からは，青森まで東北自動車道が通っているよ。日本一長い高速道路で全長680kmもあるみたいだよ。まさに⑥東北地方の大動脈だね。」

ゆうき：「あれ？北海道までは道路がつながっていないのかな。」

父さん：「青森県と北海道の間には，青函トンネルという海底トンネルがあるんだけど，鉄道専用なんだ。だから，車では渡れないな。」

母さん：「フェリーがあるじゃない。フェリーで函館まで行けるわよ。」

ゆうき：「よかった。これで北海道まで行けるね。」

問1　下線部①に関連して，次の問いに答えなさい。

（1）福岡県北九州市は，代表的なエコタウンの1つです。エコタウンの説明として適当でないものを，次のア〜エの中から1つ選び，記号で答えなさい。

　ア　地球温暖化をはじめ，環境問題対策を推進する街づくり計画を立てた都市のことです。

　イ　リユース・リデュース・リサイクルの3Rを禁止し，二酸化炭素の排出を減らそうとしています。

　ウ　地域に根付く文化や産業を最大限に活用し，機械化により，その効率化を図ることも大切な観点とされています。

　エ　火力発電の際に生成される石膏などの副産物を，ほかの製品の原料として利用できるようにしています。

（2）次の文章は，かつて北九州で起きたできごとについて説明しています。これを読んで，空欄（　あ　）・（　い　）に入るものを，あとのア〜クの中から1つずつ選び，記号で答えなさい。

　　1274年と1281年の2回，元の軍隊が北九州に攻めてきました。当時の執権（　あ　）はこれを退け，以後（　い　）。

　ア　源頼朝　　　イ　足利尊氏　　　ウ　竹崎季長　　　エ　北条時宗

　オ　御家人が恩賞を求めたので，御成敗式目が定められました

　カ　日本は元に従うことになりました

　キ　御家人に対する恩賞が不十分で，幕府に対する不満が高まりました

　ク　幕府による支配が，元にも及ぶことになりました

問2　空欄（　②　）に入る言葉を，漢字で答えなさい。

問3　下線部③に関連して，次の問いに答えなさい。

（1）　我が国の標準時子午線は，兵庫県明石市を通過しています。この経度を解答欄に当てはまるように答えなさい。

（2）　1995年に発生した阪神・淡路大震災以降に始まる地震災害への取り組みとして適当でないものを，次のア～エの中から1つ選び，記号で答えなさい。

ア　地震の被害を少なくするため，地震の大きな揺れが予想される地域には，テレビやラジオなどを通して大きな揺れが来る前に知らせる緊急事態宣言が運用されました。

イ　当時は水道のレバーを上げると水が止まる「上げ止め式」が主流でしたが，レバーを下げると止まる「下げ止め式」が広まりました。

ウ　マンションなどの集合住宅には，火事の発生や延焼を防ぐために，住宅用の火災報知器の設置が義務付けられました。

エ　地震の揺れとともに大きな津波に備えるため，防潮堤や津波避難タワーの建設がいっそう重視されるようになりました。

問4　我が国は，数多くの自然災害が発生する国です。自然災害の例を1つあげ，どのような対策をすべきか，具体的に説明しなさい。

問5　下線部④について，静岡県の食品をつくる工業について述べた文として適当でないものを，次のア～エの中から1つ選び，記号で答えなさい。

ア　マグロやカツオを原料とした缶詰を製造する工場があります。

イ　カツオの加工工場や，魚を冷凍保存できる大きな倉庫があります。

ウ　川が多く地下水が豊富で，水を多く使用する食品工場にとって良い条件となっています。

エ　冷涼な気候を生かし，ほかの地域と食品を出荷する時期をずらす抑制栽培とよばれる方法がとられています。

問6　空欄（　⑤　）について，次の問いに答えなさい。

（1）　空欄（　⑤　）に入る言葉を答えなさい。

（2）　次のグラフは，日本にある5つの工業地域（北九州・瀬戸内・東海・京葉・関東内陸）の製造品出荷額とその内訳を表したものです。静岡県が含まれる工業地域のグラフをア～オの中から1つ選び，記号で答えなさい。

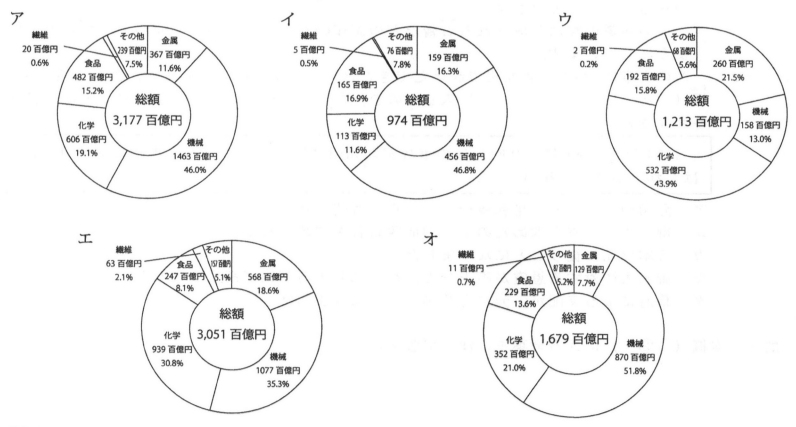

（『データブック オブ・ザ・ワールド 2021』より作成）

問7　下線部⑥に関連して，東北地方の6県についてまとめた次の表を参考にして，あとの問いに答えなさい。

	人口 （万人）	面積 （km²）	人口密度 （人／km²）	米の産出額 （億円）	果実の産出額 （億円）	畜産の産出額 （億円）	製造品出荷額 （十億円）
宮城県	227	7,282	312	818.3	25.2	758.1	4,470
青森県	127	9,646	132	554.2	828.1	905.4	1,912
Ⅰ 県	107	9,323	115	835.8	709.3	362.1	2,899
Ⅱ 県	187	13,784	135	798.7	255.7	454.3	5,120
Ⅲ 県	123	15,275	80	580.9	125.4	1,608.9	2,526
秋田県	98	11,638	84	1,035.8	71.9	359.4	1,375

（『データブック オブ・ザ・ワールド 2021』より作成）

（1）　表中Ⅰの県名を答えなさい。

（2）　表中Ⅱの県の形として正しいものを，次のア～エの中から1つ選び，記号で答えなさい。ただし，縮尺は同じとは限りません。

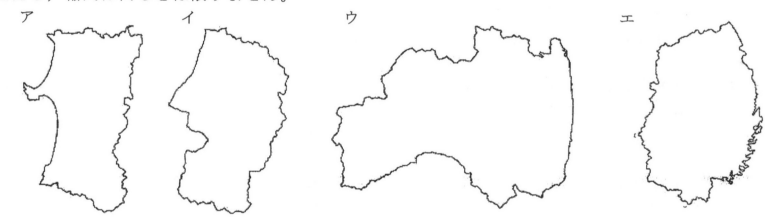

（3）　表中Ⅲの県庁所在地名を答えなさい。

（4）　東北地方では多くの果実栽培が行われています。次のグラフa～cは，日本国内のもも，りんご，西洋なしの収穫量とその内訳について，都道府県ごとに表したものです。その組み合わせとして正しいものを，あとのア～カの中から1つ選び，記号で答えなさい。

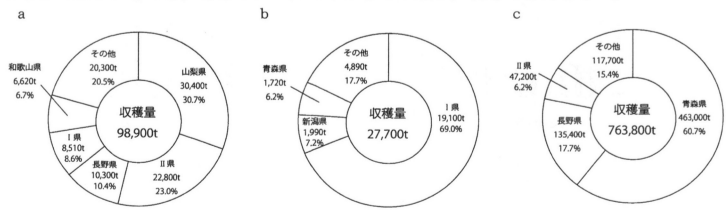

（農林水産省「農林水産統計」より作成）

	ア	イ	ウ	エ	オ	カ
a	もも	もも	りんご	りんご	西洋なし	西洋なし
b	りんご	西洋なし	もも	西洋なし	りんご	もも
c	西洋なし	りんご	西洋なし	もも	もも	りんご

2　塩の歴史に関する次の文章を読んで，あとの問いに答えなさい。

　塩は，人間が生きるために必要な栄養分となります。日本列島では岩塩がとれない一方，①周囲を海に囲まれた島国なので，海水からそのまま塩をつくる技術が古来より発達してきました。内陸に塩や海産物を送るための「塩の道」も次第に整備され，このうち新潟県糸魚川市と長野県松本市をむすぶ千国街道は，「敵に塩を送る」という上杉謙信と②武田信玄の故事で知られています。

　とはいえ海水の塩分濃度は約3％にすぎず，また③日本列島は降水量の多い地域なので，まず海藻を利用して濃度の高い塩水をつくり，そのあとに④土器で煮つめて塩の結晶を取り出す必要がありました。やがて砂浜を利用した塩田ができると，⑤海水を引き込みやすい瀬戸内海沿岸などで製塩業が発達しました。⑥江戸時代には都市部に塩問屋ができ，生活必需品として流通が管理されました。またその産地として赤穂藩が台頭し，⑦歌舞伎の演目として人気の高い「忠臣蔵」の舞台としても知られています。

問1　下線部①について，日本列島に面している海洋として適当でないものを，次のア〜エの中から1つ選び，記号で答えなさい。
　　　ア　太平洋　　　　イ　南シナ海　　　ウ　日本海　　　エ　オホーツク海

問2　下線部②について，戦国大名武田氏ともっとも関係の深いできごとを，次のア〜エの中から1つ選び，記号で答えなさい。
　　　ア　長篠の戦い　　　　イ　保元の乱　　　ウ　壇ノ浦の戦い　　　エ　関ヶ原の戦い

問3　下線部③について，次の雨温図は，札幌市・宇都宮市・新潟市・高知市のいずれかのものです。高知市を示しているものを，次のア〜エの中から1つ選び，記号で答えなさい。

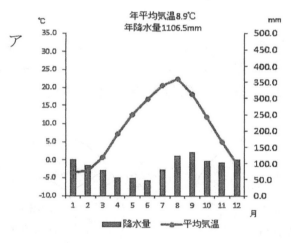

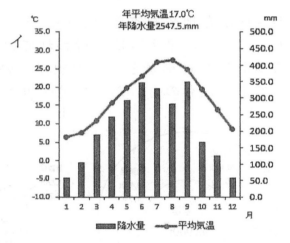

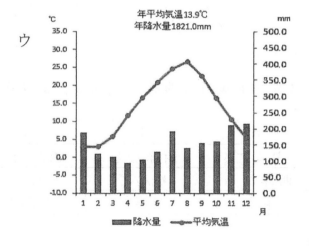

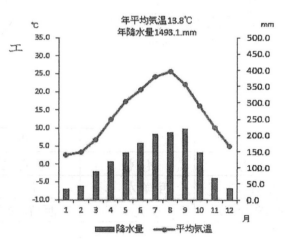

（『データブック・オブ・ザ・ワールド 2021』より作成）

問４　下線部④について，さまざまな土器の用法の説明として正しいものを，次のア～エの中から１つ選び，記号で答えなさい。

　　ア　縄文時代には，ドングリなどの木の実を煮るために土器が使われました。

　　イ　縄文時代には，魚をとるための釣り針や網のおもりとして土器が使われました。

　　ウ　弥生時代には，人や動物，建物などをかたどった土器が，大王の墓の周りに並べられました。

　　エ　弥生時代には，米の収穫のために包丁をかたどった土器が広く使われました。

問５　下線部⑤について，なぜ瀬戸内海が海水を引き込むのに適しているか，説明しなさい。

問６　下線部⑥について，江戸時代の都市に関する説明として正しいものを，次のア～エの中から１つ選び，記号で答えなさい。

　　ア　江戸幕府により貿易が制限されるなか，長崎では，キリスト教徒のとりしまりのために絵踏みが行われました。

　　イ　京都を起点として各地の都市が五街道で結ばれ，大名が自分の領地と京都を行き来するときにも利用されました。

　　ウ　江戸や大阪などの大都市では，大通り沿いにガス灯がともり，レンガでできた建物もつくられるようになりました。

　　エ　江戸時代の後半には大きなききんがくり返し起こり，米の価格が高くなったため，各地の都市で米騒動が起きました。

問７　下線部⑦に関連して，次の芸能に関するできごとⅠ～Ⅲを成立した順に並べ替えたものを，あとのア～カの中から１つ選び，記号で答えなさい。

　　Ⅰ　人形浄瑠璃の脚本家として，近松門左衛門が人気を集めました。

　　Ⅱ　能とともに，民衆の生活を題材として狂言が広まりました。

　　Ⅲ　貴族のたしなみとして，また行事の際にも，琵琶や笛などが演奏されるようになりました。

　　ア　Ⅰ → Ⅱ → Ⅲ　　　　イ　Ⅰ → Ⅲ → Ⅱ　　　　ウ　Ⅱ → Ⅰ → Ⅲ

　　エ　Ⅱ → Ⅲ → Ⅰ　　　　オ　Ⅲ → Ⅰ → Ⅱ　　　　カ　Ⅲ → Ⅱ → Ⅰ

③　次の文章は，まもなく本校に入学する新入生の浩子さんと，在校生でもある兄の孝弘さんとの会話です。これを読んで，あとの問いに答えなさい。

浩子：「お兄ちゃん，ためしに制服を着てみたの。すてきだけど，着るのに時間がかかるし，毎朝着替えるのかと思うとちょっと面倒だな。」

孝弘：「そうかな。この制服は鶯谷中学校の生徒だと一目で分かるユニフォームなんだ。それに，どこに行っても通用する正装なんだよ。」

浩子：「大人が着るスーツみたいなもの？」

孝弘：「そうだね。しかも制服は，普段の学校生活だけでなく入学式や卒業式，それに結婚式や葬式に出席するときなどでも幅広く使えて便利なんだ。」

浩子：「そういえばお父さんは，仕事で着ている服と，あらたまった行事で着る服，それに家でくつろいでいるときの服を使い分けているね。」

孝弘：「そうだ，この【資料】を見て。歴史の授業で習ったんだ。昔の人も①時と場合によって着るものを使い分けていたそうだよ。」

浩子：「歴史ドラマを見ると，時代によっても着るものが違う気がする。」

孝弘：「うん。②律令が完成した頃の貴族の服装は（　③　）風だったけれど，④国風文化がおこった時期になると，日本の気候や風土に合うように，また（　⑤　）ことから，よりゆったりとした服装に変化したんだ。⑥明治時代に入ると，文明開化のなかで⑦生活様式も次第に変わり，学校にも洋風の制服が採用されるようになったんだよ。」

浩子：「服装は，単に自分の着たいものを着るというわけではなく，その人の立場や目的を表す大切な要素だったのか。」

孝弘：「ちなみにスーツは“ひとそろい”という意味だよ。頭から足の先まで身なりを整えて，本校の制服をかっこよく着こなそう。」

浩子：「分かった。お兄ちゃん，ありがとう。」

【資料】
ア　　　　　　　　　　イ

平安時代の服装の例　　　　　　　　　　　　　　奈良時代の服装の例

問１　下線部①について，【資料】ア・イは，平安時代以降の貴族の服装のうち，束帯と狩衣を示しています。束帯は公式の場に出るときの服装で，狩衣はもともと鷹狩りへ行くときなどに使用していた服装です。この２つを見比べたとき，狩衣と考えられるものを，【資料】ア・イの中から１つ選び，記号で答えなさい。また，そう考えた理由を説明しなさい。

問2　下線部②について，律令が制定される以前のできごととして正しいものを，次のア〜エの中からすべて選び，記号で答えなさい。ただし，答えは1つの場合もあります。

ア　蘇我氏がほろぼされ，政治をあらためる大化の改新がおこりました。

イ　和歌が発達し，『古今和歌集』がつくられました。

ウ　奈良に東大寺が建立され，鑑真を招きました。

エ　浄土教が各地に広まり，藤原清衡により中尊寺が建立されました。

問3　空欄（　③　）に入る王朝名として正しいものを，次のア〜エの中から1つ選び，記号で答えなさい。

ア　唐　　　イ　明　　　ウ　隋　　　エ　宋

問4　下線部④について，この時期の美術品として正しいものを，次のア〜エの中から1つ選び，記号で答えなさい。

ア  　　イ  　　ウ 　　エ

問5　空欄（　⑤　）に入る説明として正しいものを，次のア〜エの中から1つ選び，記号で答えなさい。

ア　馬に乗ったり弓矢を使用したりすることが多くなった

イ　四季を感じたいと思うようになった

ウ　屋外を歩いて移動することが多くなった

エ　椅子ではなく畳や木の床に直接座るようになった

問6　下線部⑥について，明治時代に関するできごとⅠ〜Ⅲを古いものから年代順に並べ替えたものを，あとのア〜カの中から1つ選び，記号で答えなさい。

Ⅰ　ロシアとの戦争に勝利し，大陸への影響力を強めました。

Ⅱ　大日本帝国憲法が施行され，貴族院と衆議院からなる帝国議会が初めて開かれました。

Ⅲ　小村寿太郎のはたらきかけで欧米諸国との条約が改正され，関税自主権を完全に回復しました。

ア　Ⅰ→Ⅱ→Ⅲ　　　　イ　Ⅰ→Ⅲ→Ⅱ　　　　ウ　Ⅱ→Ⅰ→Ⅲ

エ　Ⅱ→Ⅲ→Ⅰ　　　　オ　Ⅲ→Ⅰ→Ⅱ　　　　カ　Ⅲ→Ⅱ→Ⅰ

問7　下線部⑦に関連して，人々の生活の変化についての説明として正しいものを，次のア〜エの中から1つ選び，記号で答えなさい。

ア　大正時代には女性の社会進出がすすみ，働いたり，洋服を着たりする女性が増えました。

イ　第一次世界大戦では生活に必要なものの不足が深刻で，米や衣類の配給が行われました。

ウ　戦後復興の後，テレビや携帯電話などの電化製品が普及し，三種の神器とよばれました。

エ　1990年代にバブル経済が崩壊すると，長期にわたる好景気が実現しました。

4 　千絵美さんは，博物館で学芸員の方から，かつて日本国憲法を子供たちに知ってもらうために「あたらしい憲法のはなし」という本が使われたという話を聞いて，自分も読んでみました。次に示す，その本中の挿絵（図１・２）を見て，あとの問いに答えなさい。

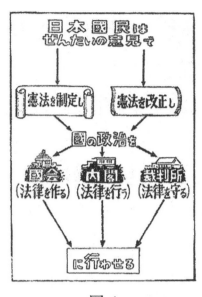

図１

図２

問１　図１について，「あたらしい憲法のはなし」には次のようなことが書かれています。下線部に関してあとの文を読み，空欄（　ア　）～（　ウ　）に当てはまる語句を，それぞれ漢字４文字で答えなさい。

> ・・・みなさん，民主主義は，国民ぜんたいで国を治めてゆくことです。そうして国会は，国民ぜんたいの代表者です。それで，国会議員を選挙することは，国民の大事な権利で，また大事なつとめです。国民はぜひ選挙に出てゆかなければなりません。選挙にゆかないのは，この大事な権利をすててしまうことであり，また大事なつとめをおこたることです。選挙にゆかないことを，ふつう「棄権」といいます。これは，権利をすてるという意味です。国民は棄権してはなりません。（以下略）
>
> （本文は現在の表記に改めてあります。）

・地方自治特別法の制定について，（　ア　）を行います。
・最高裁判所の裁判官について，（　イ　）を行います。
・憲法改正について，（　ウ　）を行います。

問２　図１について，次の図３は，衆議院で内閣不信任案が可決された後の手続きを示しています。空欄ａ～ｃに入る言葉の組み合わせとして正しいものを，あとのア～エの中から１つ選び，記号で答えなさい。

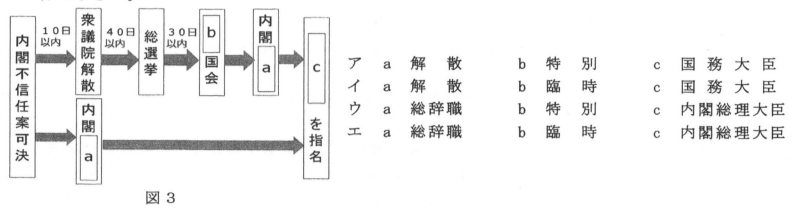

図３

	ａ		ｂ		ｃ
ア	解　散		特　別		国　務　大　臣
イ	解　散		臨　時		国　務　大　臣
ウ	総辞職		特　別		内　閣　総　理　大　臣
エ	総辞職		臨　時		内　閣　総　理　大　臣

問３　図１について，内閣は衆議院を解散することがありますが，その理由を説明しなさい。

問4　図1に関連して，裁判員制度の説明として正しいものを，次のア〜エの中から1つ選び，記号で答えなさい。

　　ア　軽い刑事事件について，一般の人の社会常識を裁判に生かし，判決文の作成を任せます。

　　イ　殺人や傷害致死などの重大な刑事事件に限って，一審裁判のみ参加します。

　　ウ　有権者からクジで選ばれた裁判員3人と裁判官3人が，有罪か無罪か，有罪だとすればどのような刑罰をあたえるのがよいかを決めます。

　　エ　住民基本台帳から過去の経歴をもとに選ばれた裁判員6人が，有罪か無罪か，有罪だとすればどのような刑罰がよいかを決めます。

問5　図2について，次の問いに答えなさい。

　（1）　図2中の空欄 _____ に入る言葉として，この憲法に書かれている人権をまとめて何というか答えなさい。

　（2）　図2中の _____ 内が示す権利として正しいものを，次のア〜エの中から1つ選び，記号で答えなさい。

　　ア　社会権　　　イ　自由権　　　ウ　平等権　　　エ　請求権

　（3）　日本国憲法では，勤労の権利が保障されています。この他に労働基本権とされる権利として適当でないものを，次のア〜エの中から1つ選び，記号で答えなさい。

　　ア　団結権　　　イ　団体交渉権　　　ウ　団体行動権　　　エ　財産権

国語解答用紙

受験番号

合計点

※100点満点
（配点非公表）

一

問一　a　b　c　ちd

問二　A　B　問三

問四　X　Y　Z　問五　i　ii　iii

問六　1990年の二酸化炭素排出量において、

問七

問八

問九　1990年と比べて2013年には、

二

問一　C　問二　a　b　問三

問四　問五　問六　A　B

問六　問七

問八

問九

問十

算数解答用紙

※100点満点
（配点非公表）

受験番号	合計点

1

(1)①	(1)②	(1)③	(1)④

(2)	(3) 個 個	(4) cm²

(5)	(6) cm²
	(7) cm³

2

(1) cm	(2) cm	(3) g

3

(1) 円	(2) 円	(3) 人

4

(1) 時 分 秒	(2) 回	(3) 回目

5

(1) 個	(2) 個	(3)

6

(1) さんが 秒速かった	(2) さん	(3) さん

理科解答用紙

※50点満点
（配点非公表）

受験番号	合計点

1

問1	卵　　　　　　　精子	問2	
問3			
問4	液体B	C	
問5		問6	

2

問1	g	問2	回目
問3	g	問4	g
問5			

3

問1		問2		
問3		問4	（1）	
			（2）	① ② ③

4

問1		問2	
問3	万 km	問4	倍
問5		問6	太郎さんの位置　　　月
問7	月の形	方角	

社会解答用紙

※50点満点
（配点非公表）

受験番号	合計点

1

問1			問2
（1）	（2）あ	（2）い	

問3		問2
（1） （　　　）経（　　　）度	（2）	

問4

問5	問6	
	（1）	（2）

問7			
（1）	（2）	（3）	（4）

2

問1	問2	問3	問4

問5

問6	問7

3

問1	
記号	理由

問2	問3	問4	問5	問6	問7

4

問1			問2
（ア）	（イ）	（ウ）	

問3

問4	問5		
	（1）	（2）	（3）

2022(R4) 鶯谷中

K教英出版　解答用紙4の4

一　次の文章を読み、あとの問いに答えなさい。ただし、解答するときは句読点や記号、「　」なども字数に数えることとします。なお、出題の都合上、一部本文の表記を改めたところがあります。

さて、本書もそろそろ終わりに近づいてきました。「差別を考える」ために、私たちは何が必要で、①「差別を考える」ことを通して、私たちは何を得ることができるのでしょうか。最後にこの問いについて改めて考えてみたいと思います。

この新書のアイデアを模索していた時、私はどのようにして "この新書が書ける" と実感できました。

ある時あるアニメを見て、 "この新書が書ける" と実感できました。

そのアニメとは『映画クレヨンしんちゃん 爆盛！カンフーボーイズ ～拉麺大乱～』（高橋渉監督、二〇一八年）でした。劇場版のクレヨンしんちゃんは『嵐を呼ぶモーレツ！オトナ帝国の逆襲』（二〇〇一年）、『嵐を呼ぶアッパレ！戦国大合戦』（二〇〇二年）など傑作が多いですが、この作品も秀逸でした。

いつもはたよりないマサオが幼稚園でガキ大将たちにひるまない様子をみて、主人公のしんのすけたちは不思議に思い、マサオの後をつけます。春日部にある中華街「アイヤータウン」。マサオはそこで伝説のカンフー "プニプニ拳" を学んでいました。しんのすけたちも加わり "カスカベ i 防衛隊" は "プニプニ拳" の修業に励みます。一方中華街では "ブラックパンダラーメン（BPR）" が大流行。 [B]

それは食べた人を虜にし凶暴にさせる麻薬のような拉麺でした。さらに拉麺工場を ii 建設するため、 "プニプニ拳" の師匠を追い出そうとするBPRのボス。彼もまた秘孔（急所）を突いて相手を好きに変えてしまえる不思議な拳法の使い手でした。対決に敗れ師匠は「パン、ツー、まる見え」としか言えない iii 身体にされ、弟子のタマ・ランとともに中華街を追われます。

実は "プニプニ拳" には奥義があり、九つの技をマスターでき、中国の奥地まで "プニプニ拳の精霊" に会いに行きます。 "精霊" は二人に問いかけます。「奥義をもらってなにするの？」タマ・ランは「ボスを倒し、中華街を iv 平和にする」と "精霊" を語り、しんのすけは「もらってみないとわからない v 加減な返事です。 "精霊" は「奥義を受ける人には、 "やわらかいこころ" が必要」と、しんのすけに奥義を授けると宣言します。タマ・ランはたまらず、奥義を横取りし、去っていきます。 [E]

その奥義とは、それを a

ア　ケンなものになる奥義の力。それを使いこなすために必要なものが "プニプニのこころ" つまり "やわらかいこころ" なのです。 [C]

"精霊" は二人に問いかけます。「奥義をもらってなにするの？」タマ・ランは「ボスを倒し、中華街を iv 平和にする」と "精霊" を語り、しんのすけは「もらってみないとわからない」と相変わらずいい v 加減さを栄養にして育っているとでも言えるでしょうか。 "精霊" もいい加減さを栄養にして育っているとでも言えるでしょうか。 "精霊" もいい加減な存在として描かれていますが、 "精霊" は、しんのすけの言葉やふるまいに「ひととしての柔軟さ、

ところで [D]

この作品はとてもよくできています。しんのすけが奥義をもらいに中国へ行っている間、マサオは何をしていたのでしょうか。橋の下にあるバラックで師匠の世話をするうちに、マサオは「パン、ツー、まる見え」としか言えない師匠が何を伝え、何を言いたいのか、すべてわかるようになっていました。「普通」の象徴であるマサオが、重度の障害をもった人を心からケアするなかで、いわば「やわらかいこころ」がいい加減さを承知の上で、その人と繋がることができた秀逸なエピソードと読めるのは、私だけではないでしょう。

"プニプニ拳" を最初に学び始め、でも技の会得が一番遅く、結局は諦めて去っていったマサオ。でもこのエピソードは「普通」であることを懸命に生きるマサオの素晴らしさを見事に描いています。

"差別を考える" ためには、「柔らかい、しなやかなこころ」が必要です。そのこころがあれば、「普通」の中に息づいている「決めつけ」や「思い込み」に気づき、それが自分と他者との繋がりを邪魔していると分かった瞬間、「決めつけ」や「思い込み」を修正し、つくりかえていくことができます。そのこころは、自分自身に実感させるために必要な "柵" から解き放ち、「ちがい」を持つ他者と繋がることがいかに難しいのかを自分自身に実感させるために必要な "余裕" と言えるでしょう。

[A]

初めて感じ取れるものなのです。

「今、ここ」で「差別を考える」魅力。それは、私が「かわり」、「みんな」が「かわる」現在進行形の中で

⑤
私が「かわり」、「みんな」が「かわる」現在進行形の中で、私たちの前に立ち現れてくるのではないでしょうか。

に、しなやかでタフな「差別を考える」文化が息づく日常が私たちの前に立ち現れてくるのではないでしょうか。

でしょう。さらに「みんな」で「差別を考える」にはどうしたらいいのかを模索します。そうした e 営みの延長

うに差別について考えられるようになれば、私たちは "差別などしない自分らしさ" を身につけることができる

まずは自分自身で「差別を考える」 "くせ" を身につけるのです。自然と "くせ" が出て、「あたりまえ」のよ

しなければいけないのか。そのことをさりげなく伝えるラストにも、私は感じ入っていました。

で「ジェンカを踊る」ことがいかに難しいのか、「踊る」ために、それぞれがいかに他者に d カンノウし、気配り

くジェンカという踊り。それは単純なステップの繰り返しで、一見 c ヨウイそうに見えます。でも実は「みんな」

ること」でした。前の人の背に両手をのせ、同じステップを繰り返し、次々に人の数が増え、長い列になってい

④
硬直した「正義」攻撃に対抗する "カスカベ防衛隊" の戦略。それは「みんなでジェンカを踊

タマ・ランの

（好井裕明『他者を感じる社会学』ちくまプリマー新書より）

問一　━━━線部 a～e について、それぞれカタカナは漢字に直し、漢字はその読みをひらがなで答えなさい。

問二　　A　～　E　のうち、「しかし」や「でも」と同じはたらきをする言葉が入らないものを一つ選び、記号で答えなさい。

問三　……線部 i～v の熟語のうち、成り立ちが他と異なるものを一つ選び、記号で答えなさい。

問四　━━━線部①「『差別を考える』ことを通して、私たちは何を得ることができるのでしょうか」とあります
が、「得ることができる」ものは何ですか。本文中から十五字以内で抜き出しなさい。

問五　━━━線部②「ある奇策」とありますが、それは何ですか。本文中から十五字以内で抜き出しなさい。

問六　━━━線部③「この作品はとてもよくできています」とありますが、それはなぜですか。その説明として
最も適当なものを次のア～エの中から選び、記号で答えなさい。

ア　マサオの姿を通して、「普通」だからこそ「思い込み」にとらわれず、障害をもつ人にやさしく接するこ
とができるということを、この作品が描き出しているから。

イ　マサオの姿を通して、「普通」であることを受け入れて諦めることで柔軟に生きていくことができるよう
になるということを、この作品が描き出しているから。

ウ　マサオの姿を通して、「普通」であることを懸命に生きれば、どのような人とも意思疎通ができるように
なるということを、この作品が描き出しているから。

エ　マサオの姿を通して、「普通」に生きることこそが勝者も敗者も生み出さない本当の平和の実現に繋がっ
ていくということを、この作品が描き出しているから。

問七　━━━線部④「硬直した『正義』」とありますが、それはどのようなものですか。自分の言葉で二十五字以
内で答えなさい。

問八　━━━線部⑤「私が『かわり』、『みんな』が『かわる』現在進行形」とありますが、これと正反対の状態
を示す表現を、本文中から十字以内で抜き出しなさい。

問九　━━━線部「プニプニ拳」は、なぜこのような名前になったと考えられますか。本文全体の内容をふまえ
て、六十字以内で答えなさい。

二　次の文章を読み、あとの問いに答えなさい。ただし、解答するときは句読点や記号、「　」なども字数に数えることとします。なお、出題の都合上、一部本文の表記を改めたところがあります。

お詫び
著作権上の都合により、文章は掲載しておりません。
ご不便をおかけし、誠に申し訳ございません。
教英出版

お詫び
著作権上の都合により、文章は掲載しておりません。
ご不便をおかけし、誠に申し訳ございません。
教英出版

（中井貴惠『読書なんて大キライ！』より）

問一　＝＝線部ⅰ・ⅱの本文中の意味として最も適当なものを次のア〜エの中からそれぞれ選び、記号で答えなさい。

ⅰ「我に返る」
　　ア　起きる
　　イ　気を引きしめる
　　ウ　現実を知る
　　エ　正気にもどる

ⅱ「口を挟む」
　　ア　同じことを何度も言う
　　イ　賛成の意を示す
　　ウ　不満な表情をする
　　エ　横から意見を述べる

問二　‥‥線部Ⅰ「単純」・Ⅱ「苦手」と反対の意味を持つ語を、それぞれ漢字二字で答えなさい。

問三　　A　～　D　に入る語として最も適当なものを次のア〜エの中からそれぞれ選び、記号で答えなさい。

　　ア　たとえ　　イ　まったく　　ウ　むしろ　　エ　やはり

問四　――線部①「ついに橋の真ん中までたどり着いたこんすけは、きつねの女の子にむかって、持ってきたハモニカを吹く」とありますが、このとき「こんすけ」はどのような思いからハモニカを吹いたのですか。解答欄の書き出しに続けて、四十字以内で答えなさい。

問五　──線部②「あふれる涙」とありますが、「私」の「涙」はどのような気持ちから流れたものですか。その説明をした次の一文の　X　～　Z　に入る適当な表現を本文中から抜き出し、それぞれその最初と最後の五字ずつを答えなさい。

> 自分の人生を振り返り、「こんすけ」と同じように　X（十九字）　ことを思い出すとともに、　Y（二十七字）　と言われたようにも感じ、さらには、自分の娘もまたこの先　Z（二十二字）　という現実を知っていくことになるだろうと感じたから。

問六　──線部③「柔らかな感受性や想像力」とありますが、これを適切に言い換えた別の表現を、本文中から九字で抜き出して答えなさい。

問七　──線部④「副産物」とありますが、それは何ですか。解答欄に合うように、本文中から十字程度で抜き出して答えなさい。

問八　──線部⑤「始まる」とありますが、何が「始まる」のですか。四十字以内で答えなさい。

問九　この文章の内容に合うものを次のア～エの中から一つ選び、記号で答えなさい。

ア　一冊のすてきな本に出会うまでは、読書以外の経験を積むようにした方がよい。
イ　多くの本を読みきかせることは、読書経験を増やす上でよい方法である。
ウ　大切なのは出会いであり、読みきかせもその一つのきっかけである。
エ　読書のキライな子が好きと感じる本こそが、すてきな本だと言える。

(50分)

1　次の(1)～(7)の問いに答えなさい。ただし，円周率は3.14とします。

(1) 次の計算をしなさい。

① $\{23-(65\div5)+7\times2\}\div8\times4$

② $(0.72\div0.8+2.1\div3)\times5$

③ $\dfrac{10}{3}\div\dfrac{14}{9}\times\dfrac{7}{20}\div2.5$

④ $120\times\left(\dfrac{1}{2}+\dfrac{2}{3}-\dfrac{3}{8}-\dfrac{1}{5}\right)$

(2) 時速80kmで走っている電車に12分乗ると，何km進むか求めなさい。

(3) 国語，算数，社会，理科のテストがありました。Aさんの得点の平均点を求めると，
国語と算数の平均点が74点，算数と社会の平均点が75点，社会と理科の平均点が82点となりました。
このとき，国語と理科の平均点を求めなさい。

(4) ある本を，1日目は全体の$\dfrac{1}{5}$を読み，2日目は残りの$\dfrac{1}{3}$を読んだところ，80ページ残っていました。
この本は全部で何ページあるか求めなさい。

(5) （図1）のような，対角線の長さが6cm，8cmのひし形と4つの円があります。
色のついた部分の面積を求めなさい。

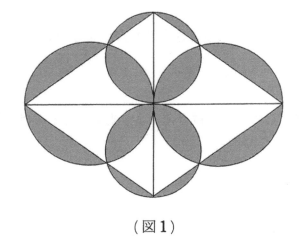

（図1）

(6) 縦10cm，横15cm，高さ20cmの直方体の容器に，深さ15cmまで水が入っています。
この容器に，体積が800cm³の物体を完全に沈めたところ，水がこぼれました。こぼれた水の体積を求めなさい。

(7) 4人が各自1つずつプレゼントを用意しました。1人1つずつプレゼントをもらうとき，
それぞれ自分が用意したもの以外のプレゼントを受け取る方法は何通りあるか求めなさい。

2 　太郎さんは昨年の7月に中学校のイギリス研修に参加し，その年の8月に家族でハワイ旅行に行きました。

イギリスの通貨は円ではなくポンドが，ハワイの通貨は円ではなくドルが使われています。次の問いに答えなさい。

ただし，1ポンド＝150円，1ドル＝130円で両替されるとし，両替してもらうための手数料は考えないものとします。

また，答えは小数点以下を切り捨てて答えなさい。

(1) 　太郎さんはイギリス研修に向けて40000円をポンドに両替しました。何ポンドになったか求めなさい。

(2) 　太郎さんがイギリスから帰国して，財布を見ると，120ポンド残っていました。

その120ポンドをドルに両替したら，何ドルになったか求めなさい。

(3) 　太郎さんがハワイから帰国後，残っていたドルを円に両替したところ，5980円になりました。

それを聞いた太郎さんのお母さんは，

「ずいぶんドルが高くなったわね。2年前だったら，5000円くらいにしかならなかったわよ。」

と言いました。2年前の1ドルは何円で両替されていたか求めなさい。

3 　定価800円の商品をいくつか買うのに，次のA，B，Cの方法で買うことができます。

A　ウグイスデパートで，会費3000円で会員になり，商品を1割引きで買います。

B　通信販売のウグイスネットで，この商品を7％引きで買います。

ただし，商品を買う個数にかかわらず，送料が1000円必要です。

C　地元のスーパーで，定価で買います。

このとき，次の問いに答えなさい。ただし，消費税は考えないものとします。

(1) 　この商品を20個買うとき，最も安くなるのはどの方法で買うときですか。A～Cの中から1つ選び，記号で

答えなさい。また，そのときの金額を求めなさい。

(2) 　Aの方法で買うときのほうが，Cの方法で買うときよりも安くなるのは，この商品を何個以上買うときか

求めなさい。

(3) 　Bの方法で買うときのほうが，A，Cの方法で買うときよりも安くなるのは，この商品を何個から何個まで

買うときか求めなさい。

4 　整数2023について，次の問いに答えなさい。

(1) 　2023を1を除く3つの整数のかけ算で表しなさい。ただし，同じ数を2回以上使ってもよいものとします。

例：　$99 = 3 \times 3 \times 11$

(2) 　2023を1，2，4，8，16，32，64，128，256，512，1024のうちからいくつかを選んで，たし算で表すとき，

何個使うか答えなさい。ただし，同じ数を2回以上使ってはいけないものとします。

例：　$99 = 1 + 2 + 32 + 64$　となるので　4個

(3) 　2023を1，3，9，27，81，243，729，2187のうちからいくつかを選んで，たし算やひき算で表すとき，

何個使うか答えなさい。ただし，同じ数を2回以上使ってはいけないものとします。

例：　$99 = 81 + 27 - 9$　となるので　3個

5　（図2）のように規則的に分数がならんでいます。
　　このとき，次の問いに答えなさい。

(1)　7列目にならんでいるすべての分数の合計を求めなさい。

(2)　1列目から5列目までにならんでいるすべての分数の合計を
　　求めなさい。

(3)　1列目から8列目までにならんでいる分数のうち，
　　約分できない分数の合計を求めなさい。

1列目	$\dfrac{1}{1}$
2列目	$\dfrac{1}{2}$　$\dfrac{2}{2}$
3列目	$\dfrac{1}{3}$　$\dfrac{2}{3}$　$\dfrac{3}{3}$
4列目	$\dfrac{1}{4}$　$\dfrac{2}{4}$　$\dfrac{3}{4}$　$\dfrac{4}{4}$
5列目	・・・・・・・・・

（図2）

6　AB＝BCである二等辺三角形ABCがあり，辺AB上にAC＝DCとなる点Dをとります。
　また，直線CD上に点Pをとり，三角形PABを作ります。
　角ACDの大きさが40°のとき，次の問いに答えなさい。

(1)　（図3）のように，PC＝BCのとき，角あの大きさを求めなさい。

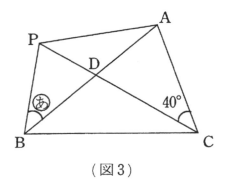

（図3）

(2)　（図4）のように，PB＝BCのとき，角いの大きさを求めなさい。

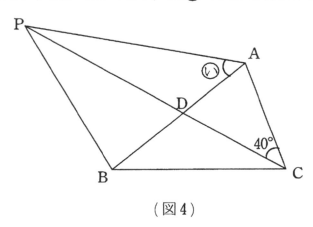

（図4）

(3)　（図5）のように，PB＝BDのとき，角うの大きさを求めなさい。

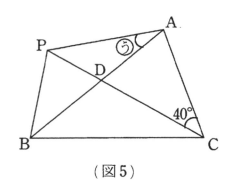

（図5）

（30分）

[1]　次の文章は，森林に野外学習に来たアカリとミズキの会話です。あとの問いに答えなさい。

アカリ：ダンゴムシをたくさんつかまえたよ。ダンゴムシって，丸まらないものもいるんだね。

ミズキ：丸まらないものは，ダンゴムシではなくてワラジムシかな。近い仲間ではあるけれど。

アカリ：ダンゴムシは「こん虫」だよね。名前に「ムシ」ってついているし。

ミズキ：アカリ，「こん虫」に共通の特ちょうって何だったか覚えている？

アカリ：たしか…，（　Ａ　）。

ミズキ：そうだね。ということは，ダンゴムシは（　Ｂ　）。

アカリ：ダンゴムシを飼って観察してみようかな。でも，ダンゴムシのエサって何だろう？

ミズキ：ダンゴムシは（　Ｃ　）が好きだよ。

アカリ：そういえば，ダンゴムシのいた辺りにはミミズもいたよ。ミミズも同じものを食べるのかな？

ミズキ：ミミズは，ダンゴムシが食べて細かくした植物の葉や根などを食べているよ。そのミミズを好んで食べるのがモグラだね。ミミズの体の中にある土をしごいて出してから食べているよ。一日に自分の体重のおよそ半分ものミミズを食べると言われているよ。土の中にはこうした生き物のフンがたくさんあり，その中で，さらに多くの生き物が食べ物を求めて暮らしているね。

アカリ：そうか…。土の中には多くの生き物がいるんだね。ダンゴムシより小さな生き物も見てみたいな。

ミズキ：土を水でほぐして，けんび鏡で観察してみよう。

アカリ：見て。0.1mmより小さな生き物が，体の中から細い毛を出して，スクリューのように回して何かをすいこんでいるよ。

ミズキ：それは（　Ｄ　）だね。土の中にいる，もっと小さな生き物などをすいこんで食べているんだよ。土の中では，生き物どうしは「食べる」「食べられる」という関係でつながっているんだね。そのような関係を（　Ｅ　）とよぶね。

問1　文章中の（　Ａ　）に入る最も適当なものを次のア〜キの中から1つ選び，記号で答えなさい。

　　ア　脱皮（だっぴ）して育つ生き物だよね

　　イ　卵→幼虫→さなぎ→成虫の順に育つ生き物だよね

　　ウ　卵→幼虫→成虫の順に育つ生き物だよね

　　エ　巣の中に卵を産み，子育てをする生き物だよね

　　オ　巣の中に卵を産み，子育てをしない生き物だよね

　　カ　成虫のからだが頭，胸，腹の3つの部分からできていて，胸に足が6本ある生き物だよね

　　キ　幼虫のからだが頭，胸，腹の3つの部分からできていて，胸に足が6本ある生き物だよね

問2　文章中の（　Ｂ　）に入る最も適当なものを次のア〜ウの中から1つ選び，記号で答えなさい。

　　ア　「こん虫」だと言えるね

　　イ　「こん虫」だとは言えないね

　　ウ　「こん虫」かどうかは，どちらとも言えないね

問３　文章中の（　Ｃ　）に入る最も適当なものを次のア～エの中から１つ選び，記号で答えなさい。

　　　ア　くさりかけた落ち葉
　　　イ　雨の日に木から落ちたばかりの葉
　　　ウ　土に生えている緑の草
　　　エ　木の枝についている緑の葉

問４　文章中の（　Ｄ　）に入る最も適当な生き物を次のア～オの中から１つ選び，記号で答えなさい。

　　　ア　ミドリムシ　　　　　　　　イ　ミカヅキモ　　　　　　　ウ　ツリガネムシ
　　　エ　ボルボックス　　　　　　　オ　ミジンコ

問５　問４のア～オの中で，光合成をする生き物を３つ選び，記号で答えなさい。

問６　文章中の（　Ｅ　）に入る適当な言葉を答えなさい。

2　次の文章を読んで，あとの問いに答えなさい。

　　棒を1点で支え，その棒に力を加えて物を持ち上げたり，動かしたりするしくみを「てこ」といいます。これを利用すると，小さな力で大きな力を生み出すことができます。また，このしくみを利用した道具は，身のまわりにもたくさん見られます。

問1　次の道具は「てこの原理」を利用しているものです。この道具を使うとき，図中の①，②，③は，それぞれ「支点」，「力点」，「作用点」のうちどれになりますか。最も適当な組み合わせを，下のア〜カの中からそれぞれ1つずつ選び，記号で答えなさい。

（1）トング　　　　　　　　（2）はさみ　　　　　　　　（3）せんぬき

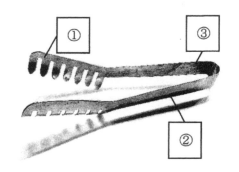
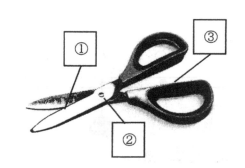
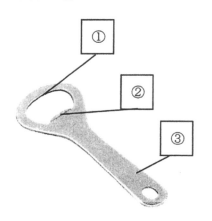

	①	②	③
ア	支点	力点	作用点
イ	支点	作用点	力点
ウ	力点	支点	作用点
エ	力点	作用点	支点
オ	作用点	支点	力点
カ	作用点	力点	支点

問２　長さ１ｍの棒ＡＢにおもりをつり下げ，点Ｏ（左端（はし）Ａから40cmの点）で支えて水平につり合わせます。次の問いに答えなさい。ただし，棒は変形せず，棒と糸の重さは考えないものとします。

（１）棒ＡＢの左端Ａに30ｇのおもりをつり下げました。このとき，右端Ｂのおもりの重さは何ｇですか。

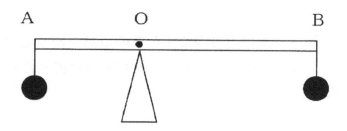

（２）棒ＡＢの左端Ａに50ｇのおもりを，点Ｃに80ｇのおもりをつり下げました。このとき，左端Ａから点Ｃまでの長さは何cmですか。

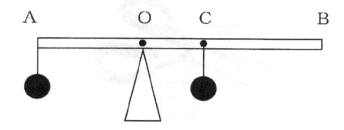

問３　長さ60cmの棒ＤＥと棒ＦＧ，長さ30cmの棒ＨＩ，糸，かざり用のおもりを使って，次の２種類のデザインで「モビール」をつくります。すべての棒が水平につり合うように，棒ＤＥの点Ｏに糸をつけました。このとき，棒ＤＥの左端Ｄから点Ｏまでの長さはそれぞれ何cmですか。ただし，棒は変形せず，棒と糸の重さは考えないものとします。また，かざり用のおもり（星形，カモメ形，魚形）はすべて同じ重さとします。

（１）　　　　　　　　　　　　　　　（２）

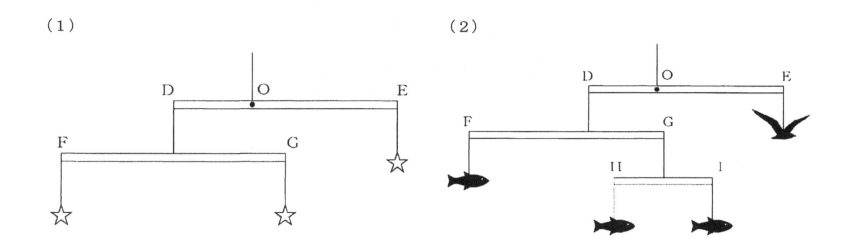

3　次の問いに答えなさい。

問1　20℃の水をあたためると，その体積はどのようになりますか。次のア～ウの中から1つ選び，記号で答えなさい。

ア　増加する　　　　　　　イ　減少する　　　　　　　ウ　変化しない

問2　密度が9.00 g/cm³（グラム毎立方センチメートル）の金属100 gを加熱すると金属が膨張し，体積が1.4%増加しました。加熱したあとの金属の体積は何cm³ですか。小数第二位を四捨五入し，小数第一位まで答えなさい。ただし，g/cm³とは1 cm³あたりの物の重さを表す単位です。

問3　金属の板に，温度によって色が変わる「示温インク」をつけ，熱の伝わり方を調べました。図1の形をした金属の板を加熱したとき，インクの色はどのような順番で変化しますか。記号で答えなさい。ただし，加熱は図1のAの位置から行うものとします。

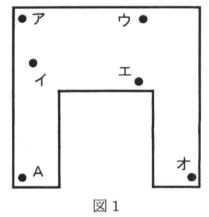

図1

問4　水1 gの温度を1℃上昇させるのに必要な熱量は4.2 J（ジュール）です。20℃の水100 gの温度を28℃まで上げるのに必要な熱量は何Jですか。整数で答えなさい。ただし，Jとは熱量を表す単位です。

問5　50℃の水100 gと，20℃の水50 gを混ぜ合わせたとき，混ぜ合わせたあとの水の温度は何℃になりますか。整数で答えなさい。ただし，熱の出入りは2つの混ぜ合わせた水の間でのみ行われるものとします。

4 次の文章は，図2の写真を見ているアカリとミズキの会話です。あとの問いに答えなさい。

図2

（出典：国土交通省国土地理院）

アカリ：この写真を見て。写真の中央を上下に流れる川の右側に，三日月形のものが見えるよ。

ミズキ：水面が見られるから，湖だね。三日月湖とよばれるものかな。

アカリ：三日月湖？どうやってできたんだろう。

ミズキ：昔はこの川は，今よりも大きく曲がっていたのではないかな。

アカリ：川が曲がっているところでは，外側の方が内側より水の流れが（　A　）なるよね。

ミズキ：そうだね。曲がっているところの外側の方が（　B　）するはたらきが強く，内側では（　C　）するはたらきが強くなるね。

アカリ：そういえば教科書で，川が大きく曲がっているところの内側には（　D　）が広がっていて，外側は（　E　）になっている写真を見たよ。

ミズキ：うん。そうなると…，そのあとはどうなるんだろう？

アカリ：紙に図をかいて考えてみよう。（　B　）するはたらきが強いということは，（　F　）。

ミズキ：そうなったところに，（　B　）するはたらきや，こう水などの災害によって，ショートカットする新しい流れができたと考えてみたらどうだろう？

アカリ：なるほど。ショートカットする新しい流れを，人がつくることも考えられるね。

ミズキ：そうすると，水はショートカットできる流れの方に流れていくから，大きく曲がっている流れの方が取り残され，切りはなされて，湖になったのかもしれないね。

アカリ：おもしろいね。インターネットなどでもっと調べてみよう。

問１　文章中の（　Ａ　）に入る適当なものは次のア，イのどちらですか。１つ選び，記号で答えなさい。

　　　ア　速く　　　　　　　イ　遅(おそ)く

問２　文章中の（　Ｂ　），（　Ｃ　）に入る最も適当なものを次のア～ウの中からそれぞれ１つずつ選び，記号で
　　　答えなさい。

　　　ア　運搬(うんぱん)　　　　　　イ　堆積(たいせき)　　　　　　ウ　侵食(しんしょく)

問３　文章中の（　Ｄ　），（　Ｅ　）に入る最も適当なものを次のア～エの中からそれぞれ１つずつ選び，記号で
　　　答えなさい。

　　　ア　がけ　　　　　　イ　Ｖ字谷　　　　　　ウ　扇状地(せんじょうち)　　　　　　エ　川原

問４　文章中の（　Ｆ　）に入る最も適当なものを次のア～エの中から１つ選び，記号で答えなさい。

　　　ア　川が大きく曲がっているところでは，曲がっている流れがまっすぐになっていくことになるね
　　　イ　川が大きく曲がっているところでは，曲がっている流れがさらに大きく曲がっていくことになるね
　　　ウ　川が大きく曲がっているところでは，がけがしま模様になっていくね
　　　エ　川が大きく曲がっているところでは，化石が見つかることがあるね

問５　次の図はアカリとミズキが紙にかいたものです。ア～エを三日月湖のできる順に並べなさい。

ア

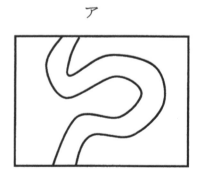

イ

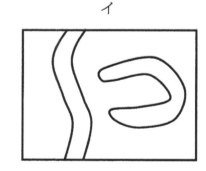

ウ

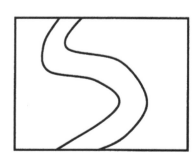

エ

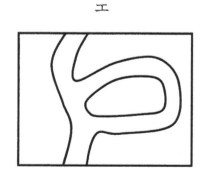

（30分）

1　千絵美さんは，夏休みの自由研究で江戸時代に整備された街道について調べ，当時の宿場町や街道沿いの様子が描かれた浮世絵をもとに，現在の様子についても関連付けてまとめました。千絵美さんが作成した次の資料を読んで，あとの問いに答えなさい。

【東海道】

吉原宿

富士山のふもとにあり，①製紙・パルプ工業がさかんです。

浜松宿

近くの浜名湖では，（　②　）の養殖がさかんです。この地域は，③大きな工業地域の一部となっています。

四日市宿

日本最大級の石油化学（　④　）があります。かつて⑤四大公害のひとつが発生しました。

【中山道】

浦和宿

大宮宿

周辺の都市と合併し，⑥政令指定都市となっています。

軽井沢宿

浅間山や，南に位置する⑦八ヶ岳のふもとで，野菜や果樹の栽培がさかんです。

【甲州街道】

犬目 峠

北側から見る富士山の眺めが美しく，「犬目富士」と親しまれてきました。

大月原

長距離を短時間で移動・輸送できるようにするための実験施設として，（　⑧　）実験線が通っています。

下諏訪宿

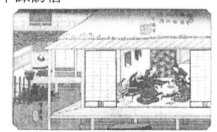

⑨諏訪湖付近の諏訪大社には，御柱祭りという勇壮な行事があります。

問１　東海道・中山道・甲州街道の起点となった場所として正しいものを，次のア〜エの中から１つ選び，記号で答えなさい。

ア　横浜　　イ　浅草　　ウ　日本橋　　エ　新宿

問２　空欄（　②　）・（　④　）・（　⑧　）に入る言葉の組み合わせとして正しいものを，次のア〜カの中から１
　　つ選び，記号で答えなさい。
　　ア　②　真珠　　　　④　パイプライン　　⑧　リニア
　　イ　②　真珠　　　　④　パイプライン　　⑧　飛行機
　　ウ　②　真珠　　　　④　コンビナート　　⑧　リニア
　　エ　②　うなぎ　　　④　パイプライン　　⑧　飛行機
　　オ　②　うなぎ　　　④　コンビナート　　⑧　リニア
　　カ　②　うなぎ　　　④　コンビナート　　⑧　飛行機

問３　下線部①について，富士山のふもとで製紙・パルプ工業がさかんになった理由を説明しなさい。

問４　下線部③について，この工業地域の説明として正しいものを，次のア〜エの中から１つ選び，記号で答えな
　　さい。
　　ア　近年の成長がめざましく，中京工業地帯，阪神工業地帯に次ぐ国内第３位の生産額をほこります。
　　イ　わが国初の製鉄所がつくられ，それをもとに製鉄や金属工業が発達しました。
　　ウ　豊富な電力と多くの労働力が得やすく，鯖江の地場産業を中心に発達しました。
　　エ　高速道路をはじめとする交通網が整っており，楽器やオートバイ・自動車等の生産が発達しました。

問５　下線部⑤について，次の文章は，四大公害のひとつを説明しています。この公害が発生した河川名と公害名
　　を，それぞれ答えなさい。

　　神岡鉱山から排出されたカドミウムが河川に流れ出て，その河川の水を利用して生活していた人々に健康
　被害が起こりました。肩やろっ骨などの骨が簡単に折れてしまうなどの症状で，多くの被害者が苦しみ
　ました。

問６　下線部⑥について，現在の都市名を答えなさい。

問７　下線部⑦について，次の表は農作物の生産量を都道府県別で表しています。表中のＡ〜Ｄにあてはまる農作
　　物名と都道府県名の組み合わせとして正しいものを，あとのア〜カの中から１つ選び，記号で答えなさい。

Ａ	（単位ｔ）	Ｂ	（単位ｔ）	Ｃ	（単位ｔ）	もも	（単位ｔ）
Ｄ	182,200	山梨	35,000	青森	463,000	山梨	30,400
茨城	91,700	Ｄ	32,300	Ｄ	135,400	福島	22,800
群馬	54,800	山形	15,500	岩手	47,200	Ｄ	10,300
長崎	35,900	岡山	13,900	山形	41,500	山形	8,510
兵庫	29,300	北海道	6,940	秋田	25,200	和歌山	6,620
全国	563,900	全国	163,400	全国	763,300	全国	98,900

（日本国勢図会（2021/2022）より作成）

　　ア　Ａ　レタス　　　Ｂ　なし　　　Ｃ　りんご　　Ｄ　栃木
　　イ　Ａ　レタス　　　Ｂ　なし　　　Ｃ　みかん　　Ｄ　栃木
　　ウ　Ａ　レタス　　　Ｂ　ぶどう　　Ｃ　りんご　　Ｄ　長野
　　エ　Ａ　キャベツ　　Ｂ　なし　　　Ｃ　みかん　　Ｄ　長野
　　オ　Ａ　キャベツ　　Ｂ　ぶどう　　Ｃ　りんご　　Ｄ　長野
　　カ　Ａ　キャベツ　　Ｂ　ぶどう　　Ｃ　みかん　　Ｄ　栃木

問8　下線部⑨について，諏訪湖周辺でさかんな産業を，次のア～エの中から1つ選び，記号で答えなさい。

　　ア　化学工業　　イ　精密機械工業　　ウ　鉄鋼業　　エ　窯業

問9　次の写真は，甲州街道沿いに位置する甲府盆地を示しています。このような地形を何といいますか。

問10　東海道を行き来する途中，江戸時代の人々は熱田宿（現　愛知県名古屋市）から桑名宿（現　三重県桑名市）までを舟で渡っていました。その周辺に位置する次の地形図を見て，あとの（1）～（4）に答えなさい。

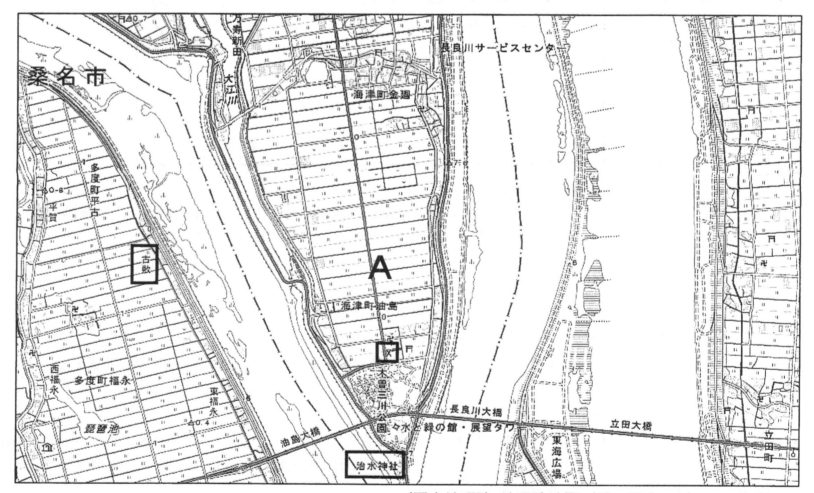

（国土地理院　地理院地図（電子国土Web）より作成）

（1）　地形図中Aの地域は，周りを堤防でかこまれています。このようなところを何といいますか。漢字で答えなさい。

（2）　地形図中Aの地域のなかで，地図記号 X で表されている施設を何といいますか。

（3）　地形図中の 古敷 から見て， 治水神社 はどの方向にありますか。8方位で答えなさい。

（4）　地形図中の 治水神社 には，江戸時代に河川の分流工事をした藩の関係者が祀られています。この藩として正しいものを，次のア～エの中から1つ選び，記号で答えなさい。

　　ア　尾張藩　　イ　大垣藩　　ウ　長州藩　　エ　薩摩藩

2　次の地図を見て，あとの問いに答えなさい。

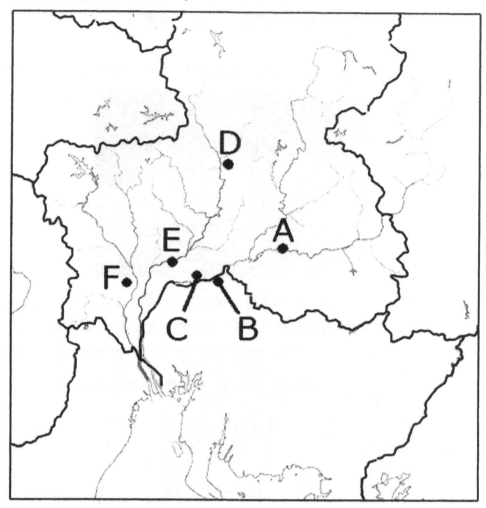

問1　地図中Aの岐阜県加茂郡八百津町（かもぐんやおつちょう）には，杉原千畝（ちうね）記念館があります。杉原千畝は，第二次世界大戦中に外交官として「命のビザ」を発給し，ナチスの迫害（はくがい）を受けていた多くのユダヤ人難民をたすけました。

（1）　この大戦中のできごととして誤（あやま）っているものを，次のア〜エの中から1つ選び，記号で答えなさい。

　　ア　日本はドイツ，イタリアと軍事同盟を結びました。

　　イ　戦争の影響（えいきょう）で輸出が増え，日本は好景気をむかえました。

　　ウ　空襲（くうしゅう）から避難（ひなん）するため，都市部の子供たちの集団疎開（そかい）が行われました。

　　エ　沖縄でのアメリカ軍との戦いでは，一般市民や生徒までが動員され，多くの命が失われました。

（2）　日本が終戦に際（さい）して受け入れた，連合国側から発せられた宣言を何といいますか。

問2　地図中Bにある（　あ　）城は，現存する日本最古の木造天守で，国宝に指定されています。この城は，織田信長の叔父（おじ）である織田信康（のぶやす）によって建てられたといわれ，戦国時代を通じて政治・経済の重要な拠点（きょてん）でした。

（1）　空欄（　あ　）に入る言葉を答えなさい。

（2）　戦国時代に起きたできごととして正しいものを，次のア〜エの中から1つ選び，記号で答えなさい。

　　ア　九州の島原や天草地方で，キリスト教信者を中心とした一揆（いっき）が起こりました。

　　イ　幕府が明に使者を送り，貿易がはじまりました。

　　ウ　新たな武家諸法度が定められ，参勤交代が制度化されました。

　　エ　種子島に流れ着いたポルトガル人によって，鉄砲が伝えられました。

問3　地図中Cには，承久の乱合戦供養塔があり，朝廷軍と幕府軍がこの地で戦ったといわれています。この戦いに勝利した幕府は，京都に（　い　）を置くなどして支配体制を整えました。

（1）　空欄（　い　）に入る言葉を答えなさい。

（2）　当時院政を行っており，承久の乱で敗れた上皇はだれですか。

（3）　次の史料は，承久の乱で北条政子が御家人たちに対して行った演説について記したものです。これを参考にして，鎌倉時代の将軍と武士の関係がどのようなものであったか，説明しなさい。その際，「領地」と「戦い」という語を必ず使用すること。

> 「頼朝どのが平氏をほろぼして幕府を開いてから，そのご恩は，山よりも高く，海よりも深いほどです。ご恩に感じて名誉を大切にする武士ならば，よからぬ者をうちとり，幕府を守ってくれるにちがいありません。」政子はこのように頼朝のご恩を説いて，武士の団結をうったえました。武士たちは奉公をちかい，京都にせめ上りました。

問4　長良川中流域の岐阜県郡上市には，多くの鍾乳洞があります。地図中Dにある縄文洞からは，縄文時代の住居跡が発見され，炉の跡や土器，人骨などが見つかっています。これに関連して，縄文時代について述べた文として誤っているものを，次のア～エの中から1つ選び，記号で答えなさい。

ア　人々はたて穴住居という家に住み，集団で生活していました。

イ　狩りや漁，木の実の採集などによって食料を手に入れていました。

ウ　はにわという土製の人形がつくられ，儀式などで使われました。

エ　「縄文時代」という名称は，東京都の大森貝塚で発見された土器から考えられました。

問5　地図中Eの岐阜市にある岐阜公園には，板垣退助の銅像が立っています。板垣は，1882年にこの地で演説を行ったときに暴漢に襲われました。この事件をきっかけに「板垣死すとも（　う　）は死せず」という言葉が生まれたといわれています。

（1）　文中の空欄（　う　）に入る言葉を，次のア～エの中から1つ選び，記号で答えなさい。

　　　ア　平等　　イ　権利　　ウ　自由　　エ　平和

（2）　板垣退助について述べた文として正しいものを，次のア～エの中から1つ選び，記号で答えなさい。

ア　大隈重信とともに，初めての政党内閣を組織しました。

イ　政府に不満を持つ士族たちを率いて，西南戦争を起こしました。

ウ　『学問のすゝめ』などを書いて，西洋の考え方を紹介しました。

エ　外務大臣として条約改正の交渉をおこない，領事裁判権の撤廃に成功しました。

問6　地図中Fの大垣市は，揖斐川をはじめとする多くの川が流れ，「水の都」として有名です。江戸時代には河川を利用した舟運がさかんでした。松尾芭蕉はこの地で『おくのほそ道』の旅を結んだ後，桑名へ旅立ちました。

（1）　江戸時代のできごとを述べた次の文Ⅰ～Ⅲを，年代の古い順に並べなさい。

Ⅰ　平戸にあったオランダ商館が，長崎の出島に移されました。

Ⅱ　大坂町奉行所の元役人であった大塩平八郎が，反乱を起こしました。

Ⅲ　杉田玄白や前野良沢らが，『解体新書』を出版しました。

（2）　松尾芭蕉と同じ時期の文化について述べた文として正しいものを，次のア～エの中から1つ選び，記号で答えなさい。

ア　近松門左衛門が，歌舞伎や人形浄瑠璃の脚本を書きました。

イ　千利休が，織田信長や豊臣秀吉の保護を受けてわび茶を完成させました。

ウ　観阿弥・世阿弥の父子によって，能が大成されました。

エ　浄土信仰にもとづき，藤原清衡が平泉に中尊寺を建てました。

問7　長良川や木曽川では，伝統的な漁法である鵜飼が行われています。鵜飼は1300年以上の歴史をもつといわれており，東大寺正倉院に納められた8世紀の戸籍には，鵜飼を仕事としていたと考えられる人の名前が載っています。正倉院について述べた文として正しいものを，次のア～エの中から1つ選び，記号で答えなさい。

ア　寝殿造という様式で建てられています。

イ　桓武天皇が愛用したものなどが収められています。

ウ　鑑真が創建した寺院にある建物です。

エ　正倉院の宝物には，西アジアやインドの影響が見られるものもあります。

3　次の文章を読んで，あとの問いに答えなさい。

　2022（令和４）年７月，①３年ぶりに参議院議員通常選挙が行われました。②選挙に参加する権利をもつ年齢が満18歳以上に引き下げられて６年以上がたちますが，2022年には成年年齢も18歳に引き下げられ，少年法改正でも18〜19歳が17歳以下とは異なる位置付けをされるなど，いっそう自由と責任が問われる時代となりました。

　かつての③内閣総理大臣が「参議院を制する者は政界を制する」という言葉を残したように，参議院にはたいへん重要な役割があります。今回の選挙でも，憲法改正をめざす政党が参議院の総議席数のうち（　④　）以上を占められるか注目を集め，さかんに報道されました。この他，選挙を行うにあたり，⑤合区が認められていることに対して問題点も指摘されており，その解消方法についても議論がかさねられています。

　現在わが国は，⑥経済に国防にと国内外に幅広く課題を抱えており，特に新型コロナウイルス感染症拡大と，ロシアのウクライナ侵攻という「２つの危機」に直面していると言われています。この影響から，世界最大の投資会社の最高責任者が「グローバル化は終わりを迎えた」と発表したり，ＥＵ（ヨーロッパ連合）では「原子力発電と天然ガス火力発電は地球温暖化対策に役立つ⑦クリーンエネルギー」と位置付けられたりと，私たちがなんとなくイメージしてきたであろう価値観が突然真逆になるできごとも起こっています。

問１　下線部①について，参議院議員の任期は６年ですが，なぜ「３年ぶり」にこの選挙が行われたのですか。その理由として正しいものを，次のア〜エの中から１つ選び，記号で答えなさい。
　　ア　任期の途中で参議院が解散されたから　　　イ　３年ごとに半数ずつが選挙されるから
　　ウ　衆議院が参議院に選挙するよう求めたから　　エ　国会議員の定数を大幅に増やしたから

問２　下線部②に関連して，私たちには多くの人権が保障されていると同時に，果たすべき義務があります。日本国憲法に定められている権利であり義務でもあることとして正しいものを，次のア〜エの中から１つ選び，記号で答えなさい。
　　ア　言論活動を行う　　イ　教育を受ける　　ウ　働く人が団結する　　エ　仕事について働く

問３　下線部③に関連して，内閣の役割として正しいものを，次のア〜エの中から１つ選び，記号で答えなさい。
　　ア　裁判官を任命する　　イ　法律を制定する　　ウ　予算を議決する　　エ　条約を承認する

問４　空欄（　④　）に入る言葉として正しいものを，次のア〜エの中から１つ選び，記号で答えなさい。
　　ア　２分の１　　イ　３分の１　　ウ　３分の２　　エ　４分の３

問５　下線部⑤について，ここでいう「合区」とは，複数の都道府県にまたがって１人の議員を選ぶ選挙区のことです。2022年の参議院議員通常選挙で対象となった県の組み合わせとして正しいものを，次のア〜エの中から１つ選び，記号で答えなさい。
　　ア　青森県と秋田県　　イ　石川県と福井県　　ウ　高知県と徳島県　　エ　佐賀県と長崎県

問６　下線部⑥について，「自由で開かれたインド太平洋」構想をめざして近年すすめられている，クアッド（４カ国戦略対話）の参加国として誤っているものを，次のア〜エの中から１つ選び，記号で答えなさい。
　　ア　ブラジル　　イ　インド　　ウ　アメリカ　　エ　オーストラリア

問７　下線部⑦について，あなたが「クリーンエネルギー」と考えるものを次の語群の中から１つ挙げ，それが「クリーン」だと考えた理由と，逆にその発電方法について指摘されている問題点を，それぞれ説明しなさい。

風力発電　　　太陽光発電　　　地熱発電　　　バイオマス発電

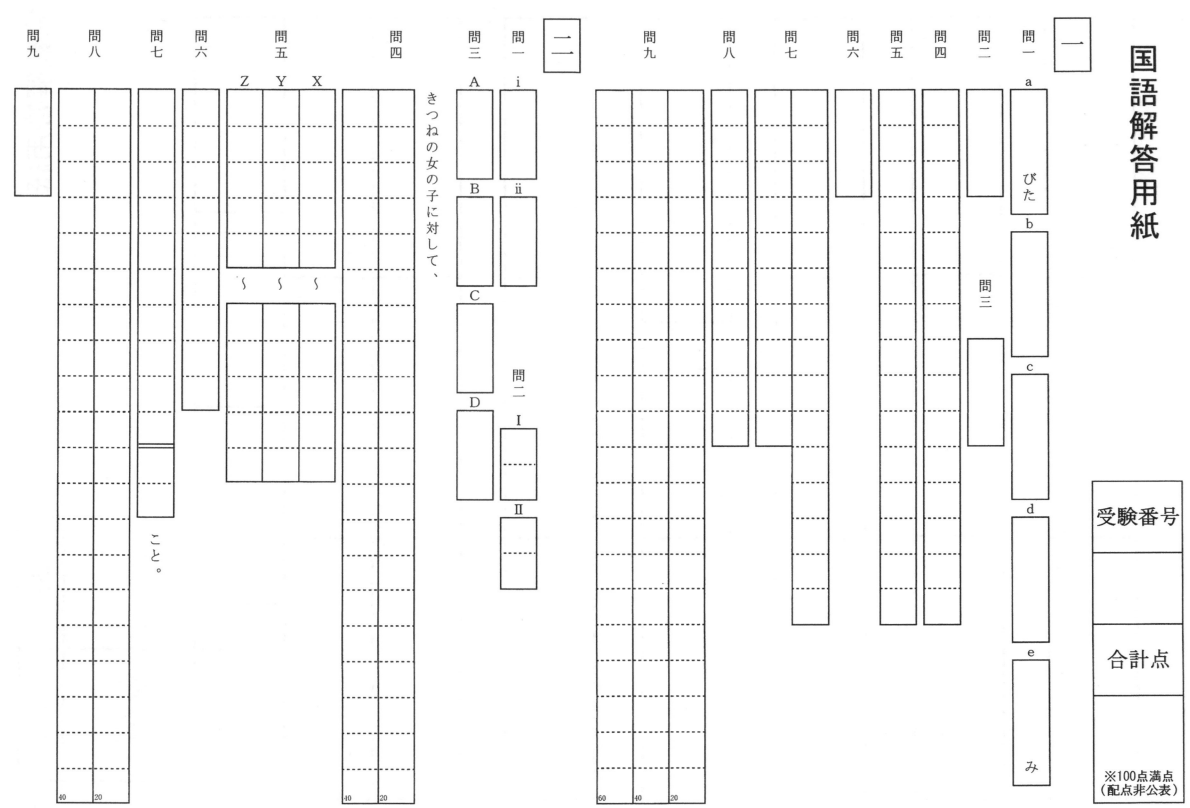

国語解答用紙

受験番号

合計点

※100点満点
（配点非公表）

2023(R5) 鶯谷中

教英出版　解答用紙4の1

算数解答用紙

受験番号	合計点
	※100点満点 （配点非公表）

1

(1)①	(1)②	(1)③	(1)④

(2)	(3)	(4)
km	点	ページ

(5)	(6)	(7)
cm²	cm³	通り

2

(1)	(2)	(3)
ポンド	ドル	円

3

(1)	(2)	(3)
の買い方で　　　　円	個以上	個から　　　　個

4

(1)	(2)	(3)
	個	個

5

(1)	(2)	(3)

6

(1)	(2)	(3)
度	度	度

理科解答用紙

受験番号	合計点
	※50点満点 （配点非公表）

1

問1		問2	
問3		問4	
問5		問6	

2

問1	（1）	（2）	（3）
問2	（1）　　　　　　　　　　g	（2）　　　　　　　　　　cm	
問3	（1）　　　　　　　　　cm	（2）　　　　　　　　　cm	

3

問1		問2	cm³
問3	A　→　　　→　　　→　　　→　　　→		
問4	J	問5	℃

4

問1		問2	B　　　　　C
問3	D　　　　　E	問4	
問5	→　　　→　　　→		

社会解答用紙

受験番号	合計点
	※50点満点 （配点非公表）

1

問1	問2

問3

問4	問5		問6
	河川名	公害名	

問7	問8	問9	

問10			
（1）	（2）	（3）	（4）

2

問1		問2	
（1）	（2）	（1）	（2）

問3		
（1）	（2）	

（3）

問4	問5		
	（1）	（2）	

問6		問7
（1）　　　　　→　　　　　→	（2）	

3

問1	問2	問3	問4

問5	問6	

問7	
発電方法	理由
	問題点

一　次の文章を読み、あとの問いに答えなさい。ただし、解答するときは句読点や記号、「　」も字数に数えることとします。

自分の言葉遣いがいつの間にか変化している、と気づくことがある。例えば、飲食店で食べたものに対して、昭和の時代なら「おいしくない」とか「まずい」と言ったところを、この頃では「ちょっと苦手かも」と言っている。

気の合わない人に対しても、昔なら「いやなやつ」とか「きらい」と言ってしまうところを、この頃ではやはり「ちょっと苦手かも」だ。

これって、いったいなんなんだろう。「おいしくない」「まずい」「いやなやつ」「きらい」と言うと、対象を完全に否定することになる。でも、「苦手」ならそうはならない。「ちょっと苦手かも」と言うと、「自分は好きではないけど、人それぞれだから気に入る人もいるかもね」という※ニュアンスが生じて、一種の逃げ道ができるのだ。

その逃げ道を強化するために、さらに「ちょっと」と「かも」を加える。「ちょっと苦手かも」のできあがりだ。

そんな便利な「ちょっと苦手かも」だが、私が発明したわけではない。おそらくは①社会全体の空気感の変化にともなって、自然に学習したものだろう。

そういえば、テレビのコマーシャルの片隅に「個人の感想です」みたいなメッセージが表示されるようになったのは、いつからだろう。

初めて見た時、②不思議な気持ちになった。どうしてわざわざ念を押すのか。個人の感想でなかったらなんだというのか。

と意地悪を書いたけど、答えはなんとなくわかっている。あれも「苦手」の仲間なのだろう。つまり、aセンデンしている商品は「　③　」という、「苦手」とは逆方向の逃げ道を作っているのである。

まずは大事な逃げ道を確保。そんな空気感に包まれて、自分も「ちょっと苦手かも」を連発していると、強い否定の言葉に敏感になる。何かのbキカイに、「おいしくない」「まずい」「いやなやつ」「きらい」などに出会うと、びくっとする。怖いよ、大丈夫か、cランボウな人か、と怯えてしまうのだ。

ある日、こんな短歌を見て、どきっとした。

もによるって言葉の意味も何もかも憎くて気が狂いそう

枡野浩一

「憎くて憎くて気が狂いそう」とは、強すぎる否定の言葉だ。そんな言い方、普通はしないだろう。やばい人なのか。

いや、どうやら、④そうではなさそうだ、と気づく。何度か読み返してみて、これはたぶん、わざと過激な言い回しをしているな、と感じたのである。「もによる」とは、もやもやして気持ちが悪い様子を表す言葉で、もともとはインターネットから生まれたものらしい。そのニュアンスも時間とともに徐々に変化しているようだが、これは「苦手」の親玉というか、逃げ道的な表現のdキュウキョク形ではないだろうか。

つまり、対象を漠然と否定したい気持ちがありつつ、でも、その理由を説明したり、責任を取ることはしたくない。そんな時に便利な言葉なのだ。

前掲の短歌の「憎くて憎くて気が狂いそう」が、過剰に強い表現になっているのは、自ら進んで逃げ道を塞いでみせることで、「もによる」という言葉の特性に対する反論を示しているのだろう。「憎くて憎くて気が狂いそう」では、この短歌は成立しないのだ。

また、音の響きの面でも、「もによる」の緩さと温さに対抗するように、「憎くて憎くて気が狂いそう」には　Ｘ　の鋭い音が鏤められている。

だが、「対象を漠然と否定したい気持ちがありつつ、でも、その理由を説明したり、責任を取ることはしたくない」という気持ちは、多くの人の中にあるものだろう。私にもわかる。卑怯者にはなりたくない。でも、逃

令和六年度　鶯谷中学校入学試験問題　国　語（その二）

げ道は欲しい。

※ノーリスクで駄目出しをしたいという※ニーズに応えるために、「も(とくめい)による」の他にも、例えばインターネット上の発言では「なんだかなぁ」が多用されている。⑤その発信者が匿名ならもう無敵だ。

一方、新聞や雑誌のようなメディアの記事では、「批判を浴びそうだ」という※フレーズを見ることがある。文章の最後にそう言われると、不意に書き手の姿が消えてしまったように感じる。

何がどう「なんだかなぁ」なのか、誰になぜ「批判を浴びそうだ」なのか、ということは明示されないまま、透明人間の駄目出しのような否定の気分だけが世界に生み出される。言われたことは予め反論を封じられることになる。透明人間に言い返すのは難しい。先の過激な短歌は、そのような言葉の在り方への痛烈なeイギ申し立てなのだ。

（穂村弘『「ちょっと」『苦手』『かも』逃げ道求める空気感』『朝日新聞』、二〇二三年一〇月六日より）

※ニュアンス …… ある語・語句の持つ表面的な意味以外の、感覚的な意味や細かな意味。
※ノーリスク …… 物事を行うにあたっての危険が存在しないさま。
※ニーズ …… 要求。必要。
※フレーズ …… 単語の集まり。慣用句。

問一　～～線部a〜eのカタカナを、それぞれ漢字に改めなさい。

問二　本文には次の一文が抜けていますが、この文は本文中のどの段落のあとに入りますか。その段落の最後の六字を抜き出して答えなさい。

> あれも昔はなかったと思う。

問三　[X] には、ア行からワ行のどれかが入ります。最も適当なものを選び、書きなさい。

問四　―線部①「社会全体の空気感の変化」とありますが、「変化」したあとの「空気感」を表している部分を本文中から十字程度で抜き出して答えなさい。

問五　―線部②「不思議な気持ち」とありますが、このようなコマーシャルに対して筆者が「不思議」と感じた理由として最も適当なものを次のア〜エの中から選び、記号で答えなさい。
ア　コマーシャルは大勢の人に訴えるためのものであるのに、あえて個人的なメッセージにしているから。
イ　コマーシャルは個人的な意見をとりまとめるものなのに、一人ひとりの個性を保とうとしているから。
ウ　コマーシャルは個人の思いを述べていることが明らかなのに、意図的に個人を前面に出しているから。
エ　コマーシャルは全員が共感するはずはないものなのに、事前に共感されない可能性を示しているから。

問六　…線部 [③] に入る内容を、三十字以内で書きなさい。ただし、…線部「『苦手』とは逆方向の逃げ道を作っている」をふまえなさい。

問七　―線部④「そうではなさそうだ」とありますが、それでは筆者はどのようだと判断していますか。本文中から三十字以内で抜き出して答えなさい。

問八　―線部⑤「その発信者が匿名ならもう無敵だ」とありますが、それはなぜですか。分かりやすく説明しなさい。

問九　―線部「この短歌は成立しない」とありますが、それはなぜですか。本文全体の内容をふまえて、分かりやすく説明しなさい。

二　次の文章を読み、あとの問いに答えなさい。ただし、解答するときは句読点や記号、「　」も字数に数えることとします。なお、設問の都合上、本文の表記を改めたところがあり、特に、《　》でくくられたところは、方言を言いかえた部分です。

久助君は、四年から五年になるとき、学術優等品行方正のほうびをもらってきた。
はじめて久助君がほうびをもらったので、電気会社の集金人であるお父さんは、ひじょうにいきごんで、それからは、久助君が学校から帰ったらすぐ、一時間勉強することに規則をきめてしまった。
久助君はこの規則を喜ばなかった。一時間たって、家の外に出ても規則をきめてしまった。
多いので、そのたびに友だちをさがして歩かねばならなかった。一時間たって、家の外に出ても、近所に友だちが遊んでいないことが多いので、そのたびに友だちをさがして歩かねばならなかった。
秋のからりと晴れた午後のこと、久助君は柱時計が三時半をしめすと、「ああできた。」と算術の教科書をぱたッととじ、机の前を立ちあがった。
そとに出るとまばゆいように明るい。久助君はイお宮の森の方へ耳をすました。
森は久助君のところから※三町ははなれていたが、今日は、森はしんとしていてうまい返事をしない。つぎに久助君は、はんたいの方の口夜学校のあたりに向かって耳をすました。夜学校も三町ばかりへだたっている。だが、これもよい合図を送らない。
しかたがないので久助君は、彼らの集まっている場所をさがしてまわることにした。もうこんなことが、なんどあったかしれない。こんなことはほんとにいやだ。
さいしょ久助君は、ハ、宝蔵倉の前にいってみた、多分の期待を持って。そこでよくみんなはキャッチボールをするから。しかしきてみると、だれもいない。そのはずだ、豆が庭いっぱいにほしてある。これじゃ何もして遊べない。
そのつぎに久助君は、二北のお寺へいった。ほんとうはあまり気がすすまなかったのだ。というのは、そこは別の通学団の遊び場所だったから。しかしこんなよい天気の日にひとりで遊ぶよりはましだったので、いったのである。がそこにも、丈の高い※はげいとうが五六本、かっと秋日にはえて鐘撞堂の下に立っているばかりで、犬の子一ぴきいなかった。
まさかホ医者の家へなんか集まっていることもあるまいが、のまじった豆畠のあいだを、徳一君の家の方へやっていった。その途中、ほし草のつみあげてあるそばで兵太郎君にひょっくり出会ったのである。
兵太郎君はみんなからほら、ほら兵とあだなをつけられていたが、いって両方の手の指で天秤棒ほどの太さをしてみせるので、ほんとうかと思っていってみると、筆ぐらいのめそきんが、井戸ばたの黒いかめの底にしずんでいるというふうである。またみんなが軍艦や飛行機の話をしていると、おれが、べらぼうなことをいい出すのだった。また兵太郎君は音痴で、君が代も

ぐ前なので、久助君は彼の頭のうしろ側にいくつ、どんな形の、はげがあるかをよく知っている。
兵太郎君は、てぶらで変にうかぬ顔をしていた。
「みんなどこにいったか知らんかア。」
と久助君がきいた。
「知らんげや《知らんわ》。」
と兵太郎君が答えた。そんなことなんかどうでもいいという顔をしている。ちょっとほうてできたようなその顔を、久助君はまぢかに a つくづくとみた。
「徳一がれにいやひんかア《徳一のところにおらんか》。」
と、久助君がまたきいた。
「いやひんだらア《おらんだろう》。」
と、兵太郎君が答えた。赤とんぼが兵太郎君のうしろを通っていって、ほし草にとまった。そのはねが陽の光をうけてきらりと光った。

もろくろく歌えなかったが、すぐ唱和するので、みんなは調子が変になって、やめてしまうのであった。だが、わる気はないのでみんなにきらわれてはいない。ときどき鼻をすこし右にまげるようにして、きゅっと音をたててすいあげるのと、笑うとき床の上だろうが、道の上だろうが、ところきらわず下にころがる癖があった。体操のとき、久助君のす

そうだった。こんな鰻をつかんだと

のぞいてみようと思って、黄色い葉のぞいてみようと思って、黄色い葉

※軍艦マーチをやって

※武豊でみたのは、といって、

丸太棒のはしを大工さんがのみで、

久助君は、徳一君のところにも仲間たちはいないことがわかって、がっかりした。が兵太郎君の動作をみたら、きゅうに、ここで兵太郎君とふたりきりで遊ぼう、それでもじゅうぶんおもしろいという気がわいてきた。ほし草のつんであるところとか、※藁積のならんでいるところは、子どもにはひじょうにたくさんの楽しみをあたえてくれるものだ。そこで久助君も兵太郎君のそばへいって、※半田の方へいきよったぞ。」ほし草はふわりと、やわらかに温かく久助君をうけとった。とたんに、ひちひちと音をたてて、ばったが頭の上から豆畠の方へ飛んでいった。

久助君は、頭や耳に草のすじがかかったが、とろうとしなかった。ほし草の山は昼間じゅう太陽に温められていたので、そこにもたれかかっていると、お母さんのふところにだかれていた⑦じぶんを憶い出させるようなぬくとさだった。久助君は猫のようにくるいたい衝動が体の中にうずうずするのを感じた。

「兵タン、相撲とろうかやア。」
と、久助君はいった。

「やだ。昨日相撲しとって、袖ちぎって家でしかられたもん。」
と、兵太郎君が答える。そして膝を貧乏ゆるぎさせながら、あおむけに空をみている。

「んじゃ、蛙とびやろかア。」
と、久助君がいう。

「あげなもな《あんなものは》おもしろかねえ。」
と、兵太郎君は一言のもとにはねつけて、鼻をきゅっと鳴らす。

久助君はしばらくだまっていたが、ものたりなくてしようがない。ころころと兵太郎君の方へころがり近づいていって、草の先を、あおむいている兵太郎君の耳の中へ入れようとした。兵太郎君はほらふきでひょうきんで、人をよく笑わせるが、こういう種類のからかいはあまりこのまない。自尊心が傷つけられるからだ。

「やめよオッ。」
と、久助君はいった。

そこでふたりは、おたがいが猫の※仔のようなものになってしまったことを感じた。それからふたりは、ほし草にくるまりながら、上になり下になりしてくるいはじめた。

兵太郎君がおこって久助君に向かってくれば、それは①久助君ののぞむところだった。「あんまり耳くそがたまっとるで、ちょっと掃除してやらア。」といって、久助君はまた草の先で、兵太郎君の頭にぺしゃんとはりついた耳をくすぐる。

兵太郎君はおこっているつもりであったが、くすぐったいのでとつぜんひあっというような声をあげて笑いだした。そして久助君の方にぶつかってきた。

「いってみよかよオ。」
と、久助君がじれったそうにいった。

「ううん。」
と兵太郎君は b なまへんじをした。

「なア、いこうかよオ。」
と、久助君はうながした。

「んでも、徳やん、さっきおつ母ンといっしょに、

久助君は、徳一君のところにも仲間たちはいないことがわかって……

相手がどなった。
兵太郎君は一つの疑問にとらわれだした。どうも相手は　(2)　になっ　(3)　の争いの場合の力の入れかたとはちがっている。また久助君を上からおさえつけるときの、相手のやせた腕がぶるぶるとふるえている。

「ならそんなことはないはずである。

「なら、此方も、此方　(6)　にならなきゃいけない、と久助君はそのつもりになって、一生懸命にやりだしたが、そうするうちにまたつぎの疑問がわいてきた。やはり兵太郎君は　(7)　と心得てくるっているらしい。久助君の手が、あやまって相手の腋の下から熱っぽいふところにもぐりこんだとき、兵太郎君はクックッと笑ったからである。

相手が　(8)　でやっているのは男らしくないことなので、此方だけ　(9)　でやっているのは男らしくないことなので、

此方もそのつもりになろうと思っていると、まもなくまた前の疑問が頭をもたげる。

二つの疑問が交互に頭にあらわれて消えたりしたが、ふたりはともかくくるいつづけた。

久助君は顔をほし草におしつけられたり、ほし草をくわえたり、ほし草があるつもりでひっくり返ったところに

ほし草がなくて、頭をじかに地べたにぶつけ、じーんと頭中が鳴りわたって、熱い涙がうかんだりした。

また、しっかりと、複雑に、手足を相手の手足にからませているときは、㋓じぶんと相手の足の区別などはっ

きりつかないので、相手の足をおさえつけたつもりで、㋒じぶんのもう一方の足をおさえつけたりしているこ

ともあった。

とっくみ合いは夕方までつづいた。帯はゆるみ、着物はだらしなくなってしまい、じっとり汗ばんだ。

何度目かに久助君が上になって兵太郎君をおさえつけたら、もう兵太郎君は抵抗しなかった。ふたりはし

めて聞いたこの世の物音のように感じられた。※二町ばかりはなれた路を通るらしい車の輪の音がからからと聞こえてきた。②それがはじ

その音はもう夕方になったということを久助君にしらせた。

久助君はふいとさびしくなった。くるいすぎたあとに、いつも感じるさびしさである。もうやめようと思った。

だがもしこれで起ちあがって、兵太郎君がベソをかいていたら、どんなにやりきれぬだろうということを、久助

君は痛切に感じた。おかしいことに、とっくみ合いのあいだじゅう、久助君はいっぺんも相手の顔をみなかった。

いまこうして相手をおさえていながらも、やは

り相手の顔はみていないのである。

兵太郎君は身動きもせず、じっとしている。かなり早い呼吸が久助君の顔につたってくる。兵太郎君はいった

い何を考えているのだろう。久助君はちょっと手をゆるめてみた。だが相手はもうその※虚に乗じてはこない。

久助君は手をはなしてしまった。それでも相手は立ちなおろうとしない。そこで久助君はついに立ちあがった。

それでも相手は立ちなおろうとしない。すると兵太郎君もむっくりと起きあがった。

兵太郎君は久助君のすぐ前に立つと、何もいわないで地平線のあたりをややしばらくながめていた。なんとも

いえないさびしそうなまなざしで。㋔じぶんの顔は相手の胸の横にすりつけて下を向いているので、やは

久助君はびっくりした。久助君のまえに立っているのは、兵太郎君ではない、みたこともない、さびしい顔つ

きの少年である。兵太郎君だと思いこんで、こんな知らない少年と、㋕じぶんは、半日くるっていたので

ある。

久助君は③世界がうらがえしになったように感じた。そしてぼけんとしていた。㋖じぶんが半日くるっていたこの見知らぬ少年は、いったい、これはだれだろう。

なんだ、やはり兵太郎君じゃないか。やっぱり相手は、ひごろの仲間の兵太郎君だった。……

そうわかって久助君はほっとした。

だが、それからの久助君はこう思うようになった。――わたしがよく知っている人間でも、ときにはまるで知

らない人間になってしまうことがあるものだと。そして、わたしがよく知っているのがほんとうのその人なのか、

わからないのがほんとうのその人なのか、わかったもんじゃない、と。そしてこれは、久助君にとって、

④一つの新しい悲しみであった。

（新美南吉「久助君の話」『新装版　新美南吉童話集　2　おじいさんのランプ』より）

※三町……「町」は長さの単位で、「一町」は約一〇九メートル。104行目にある「二町」も同じ。

※はげいとう……ヒユ科ヒユ属の一年草。赤・黄・緑などのまだら模様のある葉を持つ。

※武豊……愛知県の地名の一つ。52行目にある「半田」も同じ。

※軍艦マーチ……旧日本軍時代に作られた行進曲である「軍艦行進曲」のこと。

※藁積……散らばらないように、藁を円形または四角形に高く積み上げたもの。

※仔……動物の子。

※虚に乗じ……「虚に乗じる」で、相手の油断につけこむことをいう。

問一　　 A 　～　 C 　に入る最も適当なものを次のア～エの中からそれぞれ選び、記号で答えなさい。ただし、同じ記号は一度しか使えません。

ア　いっこう　　イ　ともかく　　ウ　まったく　　エ　むしろ

問二　——線部a・bの本文中の意味として最も適当なものを次のア～エの中からそれぞれ選び、記号で答えなさい。

a「つくづくと」

ア　興味深く
イ　じっくり
ウ　続けざまに
エ　何度も

b「なまへんじ」

ア　遠慮がちに断ろうとするへんじ
イ　気乗りしないあいまいなへんじ
ウ　話をはぐらかそうとするへんじ
エ　深く考えないで同意するへんじ

問三　——線部㋐～㋔の中から、他と意味の異なるものを一つ選び、記号で答えなさい。

問四　「語順を通常とは逆にして、印象を強める表現技法」が用いられている一文を、60行目までの本文中から抜き出し、その最初の五字を答えなさい。

問五　……線部イ～ホの中から、実際に「久助君」がいった場所をすべて選び、記号で答えなさい。

問六　——線部①「久助君ののぞむところだった」とありますが、それはなぜですか。六十字以内で書きなさい。

問七　　(1)　～　(9)　には、P「本気」や「真剣」を意味するものと、Q「冗談」や「冗談半分」を意味するものの、二つのうちどちらかが入ります。その組み合わせとして最も適当なものを次のア～エの中から選び、記号で答えなさい。

	ア	イ	ウ	エ
(1)	P	P	Q	Q
(2)	Q	Q	P	P
(3)	P	P	Q	Q
(4)	P	P	Q	Q
(5)	Q	Q	P	P
(6)	P	Q	Q	P
(7)	Q	P	P	Q
(8)	Q	P	P	Q
(9)	Q	P	Q	P

問八　——線部②「それがはじめて聞いた ～ 久助君にしらせた」とありますが、この表現はどのようなことを表していますか。分かりやすく説明しなさい。

問九　——線部③「世界がうらがえしになったように感じた」とありますが、これとほぼ同じ内容の部分を本文中から四十五字以内で抜き出し、その最初と最後の五字を答えなさい。

問十　——線部④「一つの新しい悲しみ」とありますが、その内容として最も適当なものを次のア～エの中から選び、記号で答えなさい。

ア　幼い気持ちのままで、いつまでもくるってばかりはいられなくなってしまったことに対する悲しみ。
イ　楽しく遊んでいると思っていたのに、実際には相手を傷つけていたことに気づいてしまった悲しみ。
ウ　なれ親しんだ友人がいつの間にか大人になり、遊んでくれなくなってしまったことに対する悲しみ。
エ　よく知っていると思っていた人にも、実は知らない面があるということに気づいてしまった悲しみ。

令和６年度　鶯谷中学校入学試験問題　算　数（その１）

(50分)

1　次の (1) ～ (6) の問いに答えなさい。ただし，円周率は3.14とします。

(1)　次の計算をしなさい。

①　$12 \div \{9 + (15 - 8) \times 3 - 112 \div 4\}$

②　$0.6 \div 0.2 + 0.6 \times 0.2 - 0.6 \div 0.3$

③　$\dfrac{1}{1 \times 2} + \dfrac{1}{2 \times 3} + \dfrac{1}{3 \times 4} + \dfrac{1}{4 \times 5}$

④　$\left\{2 - \dfrac{6}{7} \div \left(\dfrac{1}{3} \div \dfrac{2}{9}\right)\right\} \div \dfrac{5}{7} \times \dfrac{1}{4}$

(2)　長さ 80 m の電車が，長さ 420 m の鉄橋をわたります。電車が時速 90 km で走るとき，電車が鉄橋をわたり始めてからわたり終わるまでにかかる時間は何秒か求めなさい。

(3)　次の問いに答えなさい。

①　（図１）の色のついた部分の面積を求めなさい。

②　（図２）の色のついた部分の面積を求めなさい。

（図１）

（図２）

(4)　（図３）の立体の体積を求めなさい。

（図３）

(5)　ハンバーガーが３種類，サイドメニューが４種類，ドリンクが５種類あります。この中から，ハンバーガーを１つ，サイドメニューを２つ，ドリンクを１つ注文します。全部で何通りの組み合わせ方があるか求めなさい。
ただし，サイドメニューは同じものを注文しないものとします。

(6)　T選手はバスケットボールの試合で３ポイントシュートを打ち，６本成功して，２本失敗しました。
このとき，成功したシュートの割合を歩合で求めなさい。

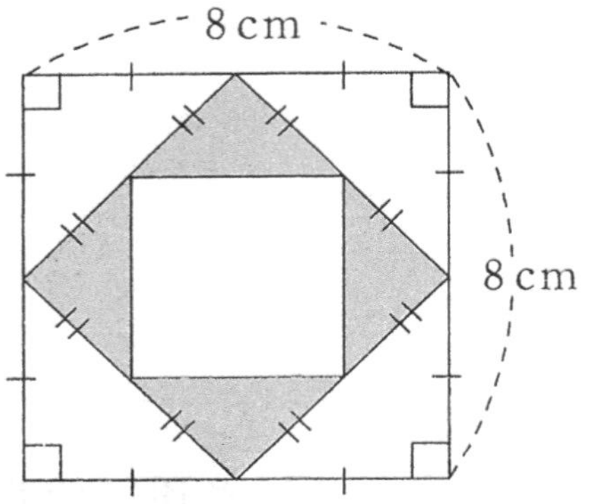

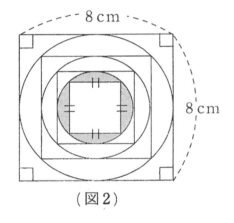

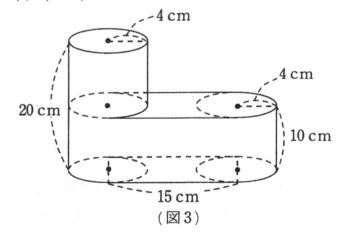

2　（図4）のような ∠B＝50° の四角形 ABCD があります。対角線 AC で2つの三角形に分けると，三角形 ABC は AB＝AC の二等辺三角形になり，三角形 ACD は正三角形になりました。あとの問いに答えなさい。

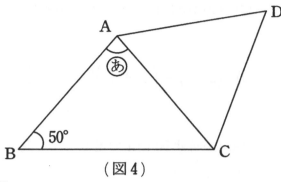

（図4）

(1)　（図4）の ⓐ の角の大きさを求めなさい。

(2)　（図5）のように対角線 BD をひいたとき，ⓘ の角の大きさを求めなさい。

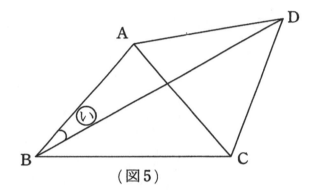

（図5）

(3)　（図6）のようにAM と DM が等しくなるような点 M を辺 AD 上にとります。CM と BD の交わる点を E とするとき，ⓤ の角の大きさを求めなさい。

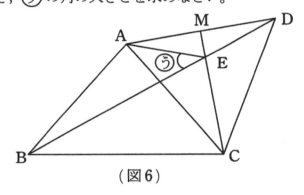

（図6）

3　食塩水 A と食塩水 B があります。食塩水 A の濃度は15％ です。食塩水 A 200ｇと食塩水 B 300ｇを混ぜると，12％ の食塩水ができました。あとの問いに答えなさい。ただし，濃度とは食塩の重さが食塩水全体の重さの何％ に当たるかを表したものです。

(1)　食塩水 B の濃度を求めなさい。

(2)　食塩水 A と食塩水 B を1：4の重さの比で混ぜてできる食塩水の濃度を求めなさい。

(3)　食塩水 A と食塩水 B を混ぜて14％ の食塩水をつくりました。食塩水 A と食塩水 B の重さの比を最もかんたんな整数の比で表しなさい。

令和６年度　鶯谷中学校入学試験問題　算　数（その３）

4　歯の数が 72 の歯車 A と歯の数が 40 の歯車 B がかみ合っています。また，歯車 B は歯車 C とかみ合っています。あとの問いに答えなさい。ただし，歯車がかみ合っているとは（図７）のような状態を表します。

(1)　歯車 A が５回転するとき，歯車 B は何回転するか求めなさい。

(2)　歯車 A が 18 回転するとき，歯車 C は 24 回転します。歯車 C の歯の数を求めなさい。

(3)　歯車 C が歯車 A より５回多く回転するとき，歯車 B は歯車 C より７回多く回転します。このとき，歯車 A は何回転するか求めなさい。

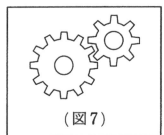

（図７）

5　次のように，ある規則にしたがって左から数がならんでいます。あとの問いに答えなさい。

　　1, 1, 1, 3, 3, 1, 1, 3, 5, 5, 3, 1, 1, 3, 5, 7, 7, 5, 3, 1, 1 ……

(1)　50 番目の数を求めなさい。

(2)　15 がはじめて出てくるのは何番目か求めなさい。

(3)　はじめから 100 番目までの数の合計を求めなさい。

6　１辺の長さが１cm の立方体が 2024 個あります。これらを使って立体をつくるとき，あとの問いに答えなさい。

(1)　（図８）のようにすべての立方体を１段に並べて正方形の面をつくろうとしたところ，立方体が１個足りませんでした。このとき，つくろうとした正方形の面の１辺の長さを求めなさい。

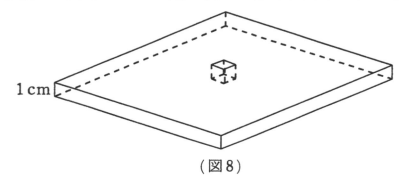

（図８）

(2)　すべての立方体を使って立体をつくったところ，底面のたてより横が１cm 長い直方体ができました。このとき，直方体の高さを求めなさい。

(3)　すべての立方体を使って（図９）のように３つの立方体 A，B，C をつくったところ，A と B は同じ大きさになり，C は A と B より大きくなりました。立方体 A の１辺の長さを求めなさい。

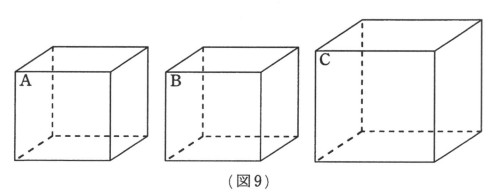

（図９）

（30分）

1　ハルミさんは，愛知県の渥美半島に旅行に行きました。夜の道を車で走っていると，ビニールハウスのあかりがイルミネーションとなり，一面が美しく輝いているようすが見えました。なぜ，夜にビニールハウスのあかりをつけているのか不思議に思ったハルミさんは，学校で先生に質問してみることにしました。

　　次の文章は，そのときの先生とハルミさんとの会話です。これを読んで，あとの問いに答えなさい。

先　生：それは，電照菊ですね。きれいだったでしょう。渥美半島の（　1　）の風物詩ともいえる光景ですね。

ハルミ：はい，とても幻想的でした。ところで，電照菊って何ですか？

先　生：電照菊とは，つぼみができる前の時期に，夜間に照明を当て，人工的に「昼の長さ」を（　2　）くすることで，開花時期を遅らせる栽培方法です。この方法により，キクが最も必要になる正月から春のお彼岸にかけても出荷できるようになったのですよ。

ハルミ：なるほど。つまり…，キクの開花には，「昼の長さ」が関係しているということですか？

先　生：そうです。植物は，決まった季節になると，いっせいに花をさかせるでしょう？植物は，毎日変化する昼と夜の長さを感じることができるのです。

ハルミ：キクは昼の長さが（　3　）くなる（　1　）に花をさかせる植物だけど，人工的に「昼の長さ」を（　2　）くすることで花がさかないようにする。そして，花をさかせたい時期になったら「昼の長さ」を（　3　）くすることで，花をさかせて出荷するということですか？

先　生：その通りです。キクのように，「昼の長さ」が（　3　）くなる季節に花をさかせる植物を（　3　）日植物といいます。キクのほかに，（　4　）なども（　3　）日植物です。また，「昼の長さ」が（　2　）くなる季節に花をさかせる植物は（　2　）日植物といいます。

ハルミ：なるほど…。では，（　5　）に花をさかせる（　6　），（　7　），（　8　）などは（　2　）日植物ですか？

先　生：そうです。ちなみに，ハルミさんが旅行に行った愛知県はキクの出荷量が全国第1位で，その半分以上が電照菊なのですよ。現在では技術の向上により，一年中栽培，出荷されているようですね。

ハルミ：えっと…，インターネットで検索したら，農林水産省の作物統計のページが見つかりました。令和3年度のキクの都道府県別出荷量割合は，愛知県，次いで沖縄県，福岡県，鹿児島県，長崎県と，この5県で全国の約7割を占めているのですね。ん…，この5県は，どこも温かい地域ですよね？

先　生：そうですね。温かい地域には（　2　）日植物も（　3　）日植物も見られますが，高緯度の寒い地域には（　2　）日植物が多く見られ，（　3　）日植物はあまり見られません。それはなぜだと思いますか？

問1　文章中の（　1　），（　5　）に当てはまる季節をア～エの中からそれぞれ1つずつ選び，記号で答えなさい。

　　ア　春　　　　　イ　夏　　　　　ウ　秋　　　　　エ　冬

問2　文章中の（　2　），（　3　）に当てはまる言葉をア～イの中からそれぞれ1つずつ選び，記号で答えなさい。

　　ア　長　　　　　イ　短

問3　文章中の（　4　）に当てはまる植物をア～エの中から1つ選び，記号で答えなさい。ただし，選ばなかったものは（　6　），（　7　），（　8　）に入ります。

　　ア　アブラナ　　　　　イ　アヤメ　　　　　ウ　コスモス　　　　　エ　カーネーション

問4　下線部の先生の問いかけに対して，あなたならどのように答えますか。年間の気温の変化に注目して，あなたの考えを書きなさい。

問5　2023年のNHK朝の連続テレビ小説は「らんまん」でした。主人公のモデルは，高知県出身の植物学者，（　9　）博士です。博士は，日本の植物分類学の基礎を築いた一人として知られており，博士がまとめた『日本植物図鑑』は，現在まで改訂を重ね，植物図鑑として広く親しまれています。岐阜県にも植物採集に来たことがある縁で，夏休み期間には，岐阜市歴史博物館などで展示がされていました。（　9　）に当てはまる博士の名前をア～カの中から1つ選び，記号で答えなさい。

　　ア　名和　靖　　　　　イ　山中　伸弥　　　　　ウ　大村　智
　　エ　野口　英世　　　　オ　牧野　富太郎　　　　カ　下村　脩

2　空気を伝わる音の速さ（音速）について調べるための実験をしました。

【実験①】風のない日に，周囲に何もない場所で，図１のように，80人の観測者が太鼓^{たいこ}に背を向けて一直線に並んだ。太鼓と，太鼓から数えて１人目の観測者，また，それぞれの観測者との距離^{きょり}は，20mずつの等間隔^{とうかんかく}にした。そのあと，太鼓をバチでたたいて音を出した。観測者は，その音が聞こえたらすぐに，右手に持っている旗をあげ，その状態を保った。そのようすをタブレットで撮影^{さつえい}して映像を分析^{ぶんせき}し，太鼓をたたいてから，それぞれの観測者が旗をあげるまでにかかった時間を調べた。この実験を複数回くり返し，その平均の値を実験①の結果とした。

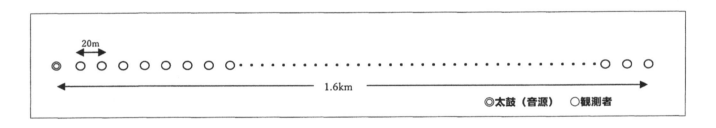

図１

【実験②】一年を通して，さまざまな気温において，実験①と同じ実験を行った。気温は実験中にも変わるので，実験直前と実験直後に測定し，その平均の値を記録した。

問１　実験①について，次の問いに答えなさい。

（１）タブレットで撮影した映像を分析すると，太鼓から数えて１人目の観測者から，太鼓から数えて２人目の観測者，太鼓から数えて３人目の観測者…と，太鼓から近い観測者から順に旗をあげていくようすが観察できました。同じ強さで太鼓をたたくと，すべての実験において，最後に旗をあげたのは，太鼓から数えて59人目の観測者でした。また，分析の結果，太鼓をたたいてから，太鼓から数えて59人目の観測者が旗をあげるまでにかかった時間の平均の値は，3.46秒でした。音は空気中を一定の速さで伝わると考えると，音速は何m/秒であると計算できますか。小数第一位を四捨五入し，整数で答えなさい。

（２）太鼓をたたいてから，太鼓から数えて20人目の観測者が旗をあげるまでにかかる時間は，何秒であると計算できますか。ただし，（１）で求めた音速の値を使い，小数第三位を四捨五入し，小数第二位まで答えなさい。

問２　実験②の結果から，それぞれの気温ごとの音速を計算し，表１にまとめました。また，表１をもとに，気温と音速の関係をグラフに表すと，図２のようになりました。

表１

気温〔℃〕	4.0	6.5	15.0	24.5	33.0	35.0
音速〔m/秒〕	334	335	341	346	351	353

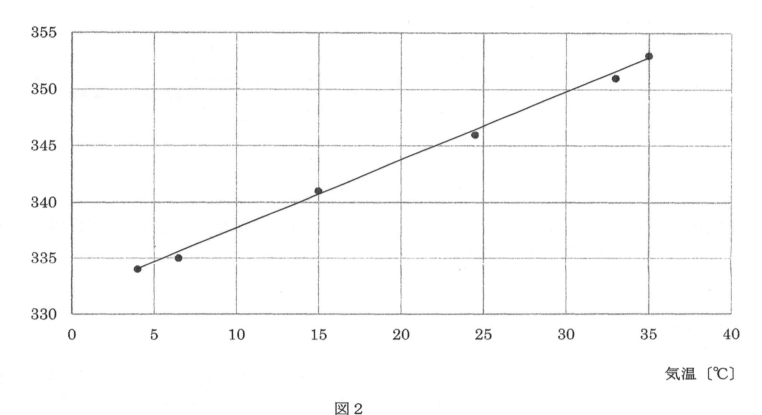

図２

（１）図２のグラフより，気温が１℃上がるごとに，音速は何 m/秒速くなると計算できますか。ただし，気温 4.0℃と気温 35.0℃のときの値を使い，小数第三位を四捨五入し，小数第二位まで答えなさい。

（２）気温０℃のときの音速を 331.5m/秒であるとします。気温 20℃のときの音速は何 m/秒であると計算できますか。ただし，（１）で求めた値を使い，小数第一位まで答えなさい。

3 　次の文章を読んで，あとの問いに答えなさい。

[A] 　水は温度によって，氷，水，水蒸気に姿（状態）を変えます。水が水蒸気に状態を変えることを（　1　）といいます。水蒸気は，目に見えず，自由に形を変えることができます。このような状態を（　2　）体といいます。水を冷やすと，水の温度が下がります。水は冷やされて（　3　）℃まで下がると凍り始め，すべて氷になるまで（　3　）℃のままです。氷のように，形が変わりにくい状態を（　4　）体といいます。

問1 　（　1　），（　2　），（　4　）に当てはまる言葉を漢字で書きなさい。

問2 　（　3　）に当てはまる水の温度をア〜オの中から1つ選び，記号で答えなさい。

　　ア　−18　　　　イ　−10　　　　ウ　0　　　　エ　25　　　　オ　100

問3 　大変寒い日に，水道管が破裂する（こわれる）ことがあります。その理由を「水」という言葉を使って説明しなさい。

[B] 　硝酸カリウムは，水の温度により溶ける量が違います。表2は，水50gに硝酸カリウムが溶けることのできる最大の量を，水の温度ごとに示したものです。

表2

水の温度〔℃〕	20	40	60	80
硝酸カリウム〔g〕	15.8	32.0	54.5	84.5

問4 　40℃の水100gに硝酸カリウムを40g溶かしました。この水溶液に，硝酸カリウムはあと何g溶かすことができますか。

問5 　20℃の水50gに硝酸カリウムを100g入れ，よくかき混ぜましたが，溶け残りました。溶け残った硝酸カリウムをすべて溶かすには，この後どうしたらよいですか。ア〜オの中からすべて選び，記号で答えなさい。ただし，答えは1つの場合，またはすべて当てはまらない場合もあります。すべて当てはまらない場合は「なし」と答えなさい。

　　ア　水溶液の温度を60℃にする。
　　イ　水溶液の温度を80℃にする。
　　ウ　50gの水を加え，水溶液の温度を40℃にする。
　　エ　50gの水を加え，水溶液の温度を60℃にする。
　　オ　50gの水を加え，水溶液の温度を80℃にする。

4　次の文章は，岐阜市に住んでいるアカリさんとミズキさんとの，2023 年９月１日の会話です。これを読んで，あとの問いに答えなさい。

アカリ：今朝の新聞見た？きれいな満月の写真が載っていたね。

ミズキ：新聞は見ていないけれど，昨日は，習い事の帰りに満月が見えたよ。とても明るくてきれいだったから，中秋の名月かな？って思ったんだけど，その写真かな？

アカリ：今年の中秋の名月は９月 29 日だよ。昨日の満月は，スーパーブルームーンと呼ばれるものだよ。

ミズキ：スーパーブルームーン？

アカリ：満月が今年１番大きく見えるスーパームーンと，１ヶ月に２度目の満月であるブルームーンが重なったって，新聞に書いてあったよ。スーパーブルームーンは 13 年ぶりの現象で，次に見ることができるのは 2029 年なんだって。

ミズキ：すごい，どうりでいつもより明るいと思ったんだ。昨日は（　１　）ごろが月の出だったんだよね。今日も，同じ場所であれば，同じくらいの時刻に月の出が見られるのかな？

アカリ：（　２　）

ミズキ：そうか…。そのときの月は，（　３　）見えるはずだよね。

アカリ：そうだね。今日の夜，外に出て月や星を見てみようかな。夏の大三角が見えるかな。

ミズキ：夏の大三角って，（　４　），（　５　），（　６　）の明るい３つの星が，大きな三角形をつくっているんだよね。

アカリ：うん。南の低い空では，さそり座の（　７　）が，（　８　）ように見えるはずだな。雲がなくて，月や星がきれいに見えるといいな。

問１　文章中の（　１　）に当てはまる時刻をア～エの中から１つ選び，記号で答えなさい。

　　ア　16 時 50 分　　　　　　イ　18 時 50 分　　　　　　ウ　20 時 50 分　　　　　　エ　22 時 50 分

問２　文章中の（　２　）に当てはまるものをア～ウの中から１つ選び，記号で答えなさい。

　　ア　うん。同じくらいの時間に見られると思うよ。
　　イ　えっと…，それは無理かも。昨日より 30 分くらい前でないと見られないと思うよ。
　　ウ　えっと…，それは無理かも。昨日より 30 分くらい後でないと見られないと思うよ。

問３　文章中の（　３　）に当てはまるものをア～エの中から１つ選び，記号で答えなさい。

　　ア　右半分が欠けて
　　イ　右上が少し欠けて
　　ウ　左下が少し欠けて
　　エ　左半分が欠けて

問4　文章中の（　4　），（　5　），（　6　），（　7　）に当てはまる星の組み合わせをア～カの中から1つ選び，記号で答えなさい。

	（　4　）	（　5　）	（　6　）	（　7　）
ア	アンタレス	デネブ	ベガ	アルタイル
イ	アルタイル	フォーマルハウト	ベガ	アンタレス
ウ	アンタレス	デネブ	スピカ	アークトゥルス
エ	アルタイル	リゲル	スピカ	アークトゥルス
オ	アンタレス	リゲル	プロキオン	アルタイル
カ	アルタイル	デネブ	ベガ	アンタレス

問5　文章中の（　8　）に当てはまるものをア～エの中から1つ選び，記号で答えなさい。

　　ア　北極星を中心に時計回りに回っている
　　イ　北極星を中心に反時計回りに回っている
　　ウ　東から西に移動している
　　エ　西から東に移動している

問6　月や星を観察するときに気をつけることをア～ウの中からすべて選び，記号で答えなさい。ただし，答えは1つの場合，またはすべて当てはまらない場合もあります。すべて当てはまらない場合は「なし」と答えなさい。

　　ア　同じ位置で観察することができるように，目印にする物を決めておく。
　　イ　記録カードに月や星の動き方を記入するときは，方位と目印となる景色も記入する。
　　ウ　建物内で観察しているときに，月や星が周囲の建物などに隠れて見えにくくなった場合は，月や星が見える上の階に移動して観察する。

（30分）

1　次の文とそれに関する【地図１】を見て，あとの問いに答えなさい。

　私は昨年，40周年を迎えた東京ディズニーランドへ行くため，新大阪駅から東京駅まで新幹線「のぞみ」を利用しました。新大阪駅を出て，最初の停車駅は①京都駅でした。京都駅では多くの外国人観光客が乗車しました。京都駅から次の停車駅の名古屋駅の間では，【地図１】中（あ）の②木曽三川を通過しました。③名古屋駅から新横浜駅までは停車する駅がなく，新横浜駅を出たあとは，品川駅を経て終点の東京駅に到着しました。④品川駅から名古屋駅間は，2027年にリニア中央新幹線が開業する予定です。

【地図１】

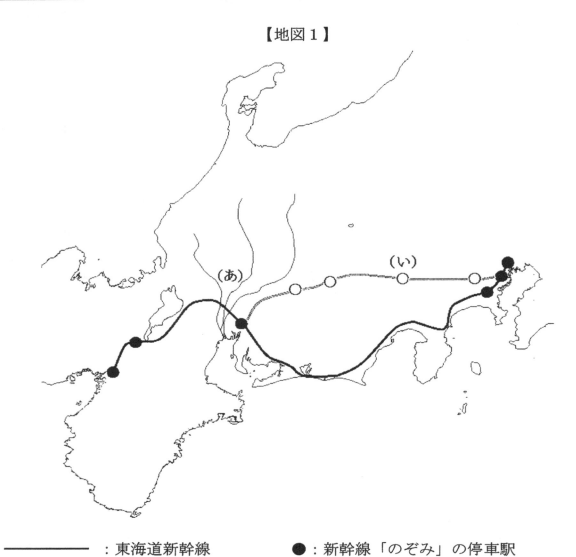

　　━━━━━：東海道新幹線　　　●：新幹線「のぞみ」の停車駅
　　━━━━━：リニア中央新幹線　　○：リニア中央新幹線の予定新設駅

問１　下線部①について述べた文として正しいものを，次のア～エの中から１つ選び，記号で答えなさい。

ア　江戸時代に商業の中心地としてさかえ，「天下の台所」と呼ばれていました。

イ　古代中国の都の影響を受けており，道路が碁盤目状に整備されています。

ウ　江戸時代末期に開国され，貿易港としてさかえました。

エ　江戸時代に，出島でオランダとの貿易が行われました。

問２　下線部②について，木曽三川をこのとき通過した順に正しく並べたものを，次のア～カの中から１つ選び，記号で答えなさい。

ア　木曽川　→　長良川　→　揖斐川　　　イ　木曽川　→　揖斐川　→　長良川

ウ　長良川　→　木曽川　→　揖斐川　　　エ　長良川　→　揖斐川　→　木曽川

オ　揖斐川　→　木曽川　→　長良川　　　カ　揖斐川　→　長良川　→　木曽川

問3　下線部③について，この一帯は工業がさかんです。次のア～カのグラフは京浜，中京，阪神，東海，瀬戸内，北九州の6つの工業地帯および工業地域における製造品出荷額の内訳（うちわけ）をあらわしたものです。（1）中京工業地帯，（2）東海工業地域に当てはまるものを，次のア～カの中から1つずつ選び，記号で答えなさい。

ア

- 金属 9%
- その他 9%
- 食品 11%
- 化学 23%
- 機械 47%

出荷額：2491（百億円）

イ

- 金属 21%
- その他 7%
- 食品 11%
- 化学 23%
- 機械 38%

出荷額：3320（百億円）

ウ

- その他 5%
- 食品 5%
- 金属 9%
- 化学 12%
- 機械 69%

出荷額：5864（百億円）

エ

- 金属 18%
- その他 8%
- 食品 8%
- 化学 31%
- 機械 35%

出荷額：3102（百億円）

オ

- 金属 17%
- その他 8%
- 食品 17%
- 化学 13%
- 機械 46%

出荷額：991（百億円）

カ

- その他 5%
- 金属 8%
- 食品 13%
- 化学 22%
- 機械 51%

出荷額：1715（百億円）

『2023 データブック・オブ・ザ・ワールド Vol.35』より作成

問4　下線部④について，2027年開業時にリニア中央新幹線の停車駅の新設が予定されている都道府県のうち，東海道新幹線の駅がある都道府県は，東京都と愛知県の他にどこがありますか。すべて答えなさい。

問5　リニア中央新幹線の停車駅の新設が予定されている【地図1】中（い）の甲府市について，あとの問いに答えなさい。

（1）次の写真は，甲府市付近の扇状（せんじょう）地と呼ばれる地形のもので，ここでは果樹栽培（さいばい）がさかんです。この都市がある県での生産量が全国で一番多い果実を，下のア～エの中から1つ選び，記号で答えなさい。

ア　りんご　　イ　みかん　　ウ　ぶどう　　エ　なし

（２）甲府市の雨温図として正しいものを，次のア～エの中から１つ選び，記号で答えなさい。なお，ア～エの雨温図は，札幌市，金沢市，甲府市，那覇市のいずれかのものです。

ア

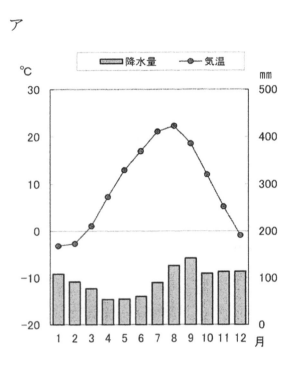

イ

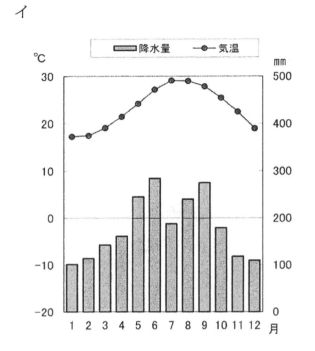

ウ

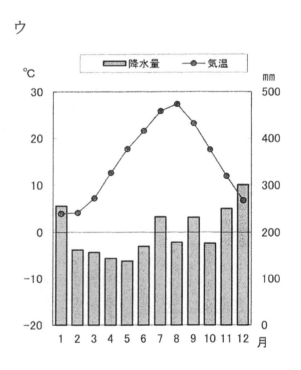

エ

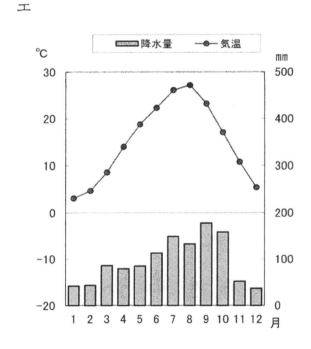

『2023 データブック・オブ・ザ・ワールド Vol.35』より作成

2　次の文とそれに関する【地図２】を見て，あとの問いに答えなさい。

　私は昨年の夏休みに，①イギリス研修旅行に参加しました。ロンドンは樺太とほぼ同緯度で，出発した大阪と比べて緯度が高いにもかかわらず，大阪と同じ温帯に属しています。また，日本のような集中豪雨はありませんでしたが，しとしとと雨が降り，空は道路の色と変わらないぐらいの灰色でした。
　現地ではスクールに入学して，さまざまな国の生徒と交流しました。私はフランスやインドの生徒と同じ班になり，それぞれの国について学んだり，レクリエーションをして楽しみました。また，ロンドンをはじめイギリス各地を観光することもでき，非常に良い経験ができました。

【地図２】

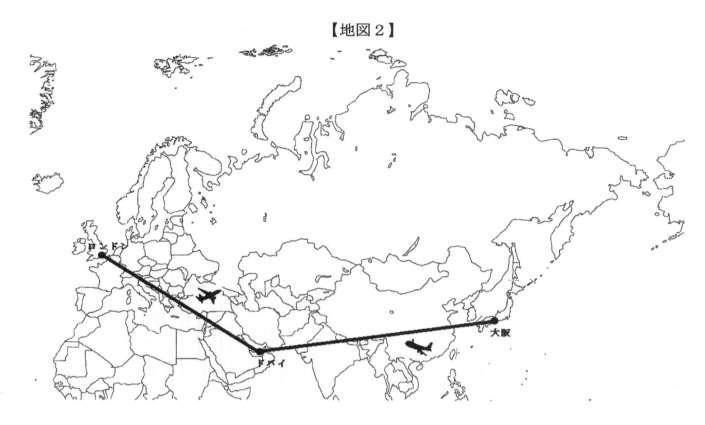

問１　【地図２】中のドバイに関連して，あとの問いに答えなさい。

（１）右の表は，ある資源における日本の輸入相手国と輸入量をあらわしたものです。この資源名を答えなさい。

（２）ドバイがあるアラブ首長国連邦で，多くの人が信仰（しんこう）している宗教名を答えなさい。

	国　　名	輸入量(万 t)	割合(%)
1	サウジアラビア	4,868	39.9
2	アラブ首長国連邦	4,159	34.1
3	クウェート	1,051	8.6
4	ロ　シ　ア	443	3.6
	全体	12,205	100.0

(2021 年)

『2023 データブック・オブ・ザ・ワールド Vol.35』より作成

問２　次の図は，下線部①のフライトスケジュールを示しています。これを見て，あとの問いに答えなさい。

往路

　関西国際空港発　　　　　　　　　ドバイ国際空港着・発　　　　　　ガトウィック国際空港着
　【大阪】　（所要時間：９時間００分）　　　（所要時間：７時間３０分）　【ロンドン】
　　２３：４５　　　　　→　　　　３：４５　　　８：００　　　→　　　１１：３０

復路

　ガトウィック国際空港発　　　　　　　ドバイ国際空港着・発　　　　　　関西国際空港着
　【ロンドン】　（所要時間：７時間００分）　　　（所要時間：９時間００分）　【大阪】
　　１３：３０　　　　→　　　　０：３０　　　３：００　　　→　　　□

※時刻は現地時刻です。　　　※実際の所用時間とは違（ちが）います。　　　※サマータイムは考えないものとします。

（１）ロンドンの旧グリニッジ天文台を通り，地球上の経度をはかるときの基準とする経線名を答えなさい。

（２）図中の空欄（らん）□に入る現地時刻を答えなさい。なお，大阪は東経 135 度，ドバイは東経 60 度，ロンドンは０度とします。

（３）図中の波線部のロンドンからドバイの間の所要時間について，復路の方が往路よりも 30 分短くなる理由を，「偏西風」（へんせい）という言葉を使って簡潔に説明しなさい。

3 　ある中学校では，３年生が修了論文を書きます。次の文は，４人の生徒が修了論文のテーマとそれに関心を持った理由を，それぞれ学級で発表した内容です。これを読んで，あとの問いに答えなさい。

Ａさん　私は北海道の歴史について書きたいと思います。夏休みに家族で北海道を旅行し，札幌市から函館市にかけてをまわりました。そのなかで，アイヌの人たちの文化を紹介する施設のウポポイや，環状列石が出土し，①「北海道・北東北の縄文遺跡群」として世界文化遺産に登録された「鷲ノ木遺跡」を見学しました。今まで，北海道の歴史というと，函館市が②戊辰戦争の最後の舞台となったことや，③明治時代の開拓，北方領土について学習してきましたが，古い時代の北海道についてもっと知りたいと思いました。

Ｂさん　私は④自然災害と人々のくらしをテーマにしたいと考えています。きっかけは，家族で⑤鎌倉へ旅行したとき，大雨で東海道新幹線が止まり，予定が大幅に変わったことです。地球温暖化の影響なのか，台風や集中豪雨の被害が増えているように思います。また，日本は火山の噴火や地震も多いです。過去の災害をふり返ることで，これからどのような対策をとっていくべきかを考えたいです。

Ｃさん　私は⑥医学の歴史をテーマにします。新型コロナウイルス感染症が５類に分類され，私たちの生活はほぼ日常に戻りました。⑦日本人の海外渡航や⑧訪日外国人の数も増加し，経済も活発になってきました。それでも新型コロナウイルス感染症がなくなったわけではないし，新しいウイルスも登場するかもしれません。人類が病気を克服するためにどのような取り組みをしてきたかを知ることで，病気の予防法などを考えていきたいです。

Ｄさん　私はお金の歴史をテーマにします。先日，祖父から⑨奈良時代に使われた和同開珎や，⑩聖徳太子や⑪伊藤博文が印刷された古い⑫お札を見せてもらいました。今年は，新しいお札が発行されるので，ちょうどよい機会だと思いました。

問１　下線部①について，この世界文化遺産の構成要素の１つである，青森県にある縄文時代の大規模な集落遺跡として正しいものを，次のア～エの中から１つ選び，記号で答えなさい。
　ア　吉野ヶ里遺跡　　　イ　三内丸山遺跡　　　ウ　野尻湖遺跡　　　エ　大森貝塚

問２　下線部②について，戊辰戦争の最後の舞台となった城郭の写真として正しいものを，次のア～エの中から１つ選び，記号で答えなさい。

ア　　　　　　　　　イ　　　　　　　　　ウ　　　　　　　　　エ

問３　下線部③に関連して，札幌農学校の教頭となったクラークが言ったとされる言葉と，鶯谷中学校のスローガンには，空欄□□□に共通する言葉が入ります。当てはまる言葉を漢字で答えなさい。
　　クラーク：「少年よ，□□□をいだけ」
　　鶯谷中学校：「□□□をいだけ・継続は力なり・実現を信じよ」

問４　下線部④について，あとの問いに答えなさい。
（１）江戸時代には，浅間山の噴火や東北地方の冷害を原因に，天明の飢饉がおこりました。この飢饉に会津白河藩主として対応した松平定信が，のちに江戸幕府の老中として実施した改革を，次のア～エの中から１つ選び，記号で答えなさい。
　ア　享保の改革　　　イ　天保の改革　　　ウ　寛政の改革　　　エ　安政の改革

（２）２つの県にまたがる浅間山の片方の県では，天明の飢饉の原因となった噴火の際に，大量の溶岩で埋まった村のあとが「鬼押出し園」という観光地になっています。高原レタスやこんにゃくいもの栽培でも知られるこの県名を，漢字で答えなさい。

（３）昭和34（1959）年９月に，愛知県，岐阜県，三重県を中心に大きな被害をだした台風を，次のア〜エの中から１つ選び，記号で答えなさい。
　　ア　枕崎台風　　　イ　伊勢湾台風　　　ウ　狩野川台風　　　エ　室戸台風

問５　下線部⑤に関連して，鎌倉時代のできごとを述べた次の文ａ〜ｃについて，正しいものの組み合わせを，下のア〜キの中から１つ選び，記号で答えなさい。
　　ａ　竹崎季長は，２度にわたる元との戦いのようすを絵巻物に描かせました。
　　ｂ　種子島に漂着したポルトガル人によって，鉄砲が伝えられました。
　　ｃ　障子やふすま，たたみを用いた，書院造という建築の様式がおこりました。
　　ア　ａ・ｂ・ｃ　　イ　ａ・ｂ　　ウ　ｂ・ｃ　　エ　ａ・ｃ　　オ　ａ　　カ　ｂ　　キ　ｃ

問６　下線部⑥について述べた文として誤っているものを，次のア〜エの中からすべて選び，記号で答えなさい。
　　ア　志賀潔は，ドイツの細菌学者コッホに学び，破傷風の治療法やペスト菌を発見しました。
　　イ　本居宣長は，前野良沢とともに『解体新書』をあらわしました。
　　ウ　野口英世は，黄熱病の研究にとりくみました。
　　エ　山中伸弥が確立したiPS細胞の作成技術は，再生医学を発展させました。

問７　下線部⑦について述べた次の文ア〜エを，年代の古いものから順に正しく並べ，記号で答えなさい。
　　ア　津田梅子が，岩倉使節団の一員としてアメリカ合衆国に留学しました。
　　イ　空海（弘法大師）が，唐に渡り新しい仏教を学びました。
　　ウ　朱印船貿易がさかんになり，東南アジアの各地に日本町がつくられました。
　　エ　満州国の開拓にあたるため，岐阜県からも多くの人が海を渡りました。

問８　下線部⑧について，日本を訪れた人物とその説明文ａ・ｂについて，正誤の組み合わせとして正しいものを，次のア〜エの中から１つ選び，記号で答えなさい。
　　ａ　聖武天皇の招きで来日した鑑真は，僧侶が守るべき規範を伝えました。
　　ｂ　マッカーサーは，連合国軍総司令部の最高司令官として来日し，占領政策を推進しました。
　　ア　ａ－正　ｂ－正　　　イ　ａ－正　ｂ－誤　　　ウ　ａ－誤　ｂ－正　　　エ　ａ－誤　ｂ－誤

問９　下線部⑨について，奈良時代の都である平城京の跡からは大量の木簡が発掘され，あわびなどの各地の特産物が都に運ばれたことがわかっています。特産物を納めるこの税の名前を，漢字１文字で答えなさい。

問10　下線部⑩について，聖徳太子が隋に送った使節は，それまで中国に送られた使節と性格が違うと考えられます。その性格の違いを説明した次の文の空欄（　ａ　）・（　ｂ　）に当てはまる語句の組み合わせとして正しいものを，下のア〜エの中から１つ選び，記号で答えなさい。

　　邪馬台国の女王卑弥呼や大和政権の大王は，中国の皇帝の（　ａ　）と位置づけられ，日本国内での王の称号を認められました。一方，聖徳太子の派遣した使節は，その国書の内容から隋に対して（　ｂ　）と位置づけようとしたと考えられます。

　　ア　ａ－臣下　　ｂ－対等　　　イ　ａ－君主　　ｂ－臣下
　　ウ　ａ－臣下　　ｂ－君主　　　エ　ａ－君主　　ｂ－対等

問11　下線部⑪について，あとの問いに答えなさい。

（1）伊藤博文について述べた文として誤っているものを，次のア～エの中から１つ選び，記号で答えなさい。

　ア　内閣制度をつくり，最初の内閣総理大臣となりました。

　イ　韓国で統監府の長官をつとめました。

　ウ　大日本帝国憲法の制定に努力しました。

　エ　自由党を結成し，自由民権運動の中心として活躍しました。

（2）伊藤博文が首相のとき，日清戦争に勝利して下関条約を結びました。この条約で日本が獲得した領土を，右の地図中A～Dの中から１つ選び，記号で答えなさい。また，その地名も答えなさい。

問12　下線部⑫に関連して，かつてお札に描かれた人に新渡戸稲造がいます。彼は，第一次世界大戦後に世界平和を目的につくられた国際組織で事務局次長をつとめました。この組織名を答えなさい。

4　次の【図1】を見て，あとの問いに答えなさい。

【図1】

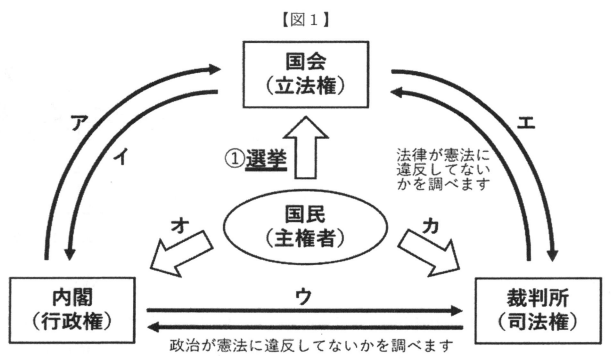

問1　【図1】のような，国会・内閣・裁判所が国の重要な役割を分担する仕組みを何といいますか。

問2　【図1】中の矢印ア～カのうち，次のA～Cの文に当てはまるものを１つずつ選び，記号で答えなさい。

　A　裁判官をやめさせることができる弾劾裁判所を設置します。

　B　内閣を信任しないことを決議します。

　C　最高裁判所の裁判官にふさわしいかどうかを審査します。

問3　内閣の役割を述べた文として誤っているものを，次のア～エの中から１つ選び，記号で答えなさい。

　ア　天皇の国事行為に対する助言と承認を行います。　　イ　憲法の改正を発議します。

　ウ　外国と条約を結びます。　　エ　法律案や予算案を作成します。

問4　【図1】中の下線部①について，日本では2015年から選挙権年齢が18歳以上に引き下げられました。次の文は，このことに関するAさんとBさんの会話文です。下の【表】と【グラフ】を参考に，約70年間の日本の社会における変化をふまえて，会話文中の波線部の理由を簡潔に説明しなさい。

Aさん　高校3年生の私の兄は4月生まれなので，昨年の4月に行われた岐阜市議会議員選挙で初めて投票していました。私も一緒に投票所に行きましたが，兄は少し緊張した様子でした。

Bさん　表を見ると，2015年の選挙法改正は70年ぶりのことだったんですね。当時のニュースを調べてみたら，この時の法改正で新たに約240万人（全人口の約2％）が有権者に加わったと書いてありました。

Aさん　私はグラフを見て，1945年の時点と比べると大幅に選挙人比率が高くなっていて驚いたのですが，240万人と聞くと意外と少ないな，と思いました。

Bさん　確かにそうですね。選挙人比率が高くなったのには，法改正以外にも何か理由があるのかもしれません。

【表：有権者資格の変遷】

選挙法の公布年	年齢	性別	直接国税納税額
1889（明治22）年	満25歳以上	男	15円以上
1900（明治33）年			10円以上
1919（大正8）年			3円以上
1925（大正14）年			制限なし
1945（昭和20）年	満20歳以上	男女	
2015（平成27）年	満18歳以上		

【グラフ：選挙人比率（全人口に対する有権者の比率）の変遷】

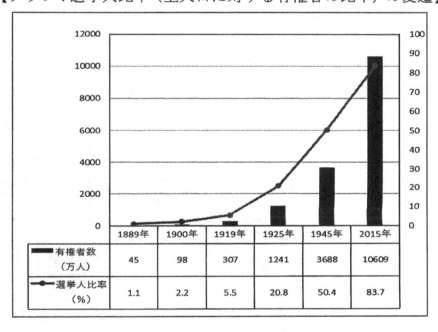

	1889年	1900年	1919年	1925年	1945年	2015年
有権者数（万人）	45	98	307	1241	3688	10609
選挙人比率（％）	1.1	2.2	5.5	20.8	50.4	83.7

（『日本長期統計総覧』などより作成）

問5　日本と他国の政治のしくみを比べた次の説明文を読み，あとの問いに答えなさい。

　　政治のしくみは国によってそれぞれ違います。例えば，日本では内閣総理大臣が行政府の長官として政治を主導していますが，アメリカや②韓国では（　a　）が元首として行政に強い指導権を持っています。また議会についても，日本の国会は衆議院と参議院に分かれていますが，中国は（　b　）。

（1）文中の空欄（　a　）・（　b　）に入る語や文の組合せとして正しいものを，次のア〜エの中から1つ選び，記号で答えなさい。
　　ア　a－国家主席　　　　b－全国人民代表大会という一院制の議会です
　　イ　a－国家主席　　　　b－三審制を採用して3つに分かれています
　　ウ　a－大統領　　　　　b－全国人民代表大会という一院制の議会です
　　エ　a－大統領　　　　　b－三審制を採用して3つに分かれています

（2）下線部②について述べた文として誤っているものを，次のア〜エの中から1つ選び，記号で答えなさい。
　　ア　春節という旧暦の正月に，お祝いで爆竹を鳴らす習慣があります。
　　イ　ハングルという独自の文字を使用しています。
　　ウ　インチョン国際空港は，24時間利用できるハブ空港です。
　　エ　日本と共催でサッカーのワールドカップを開催したことがあります。

国語解答用紙

一

問一　a　　b　　c　　d　　e

問二　　　　　　問三　　　　　行

問四

問五

問六

問七

問八

問九

二

問一　A　　B　　C　　問二　a　　b

問三　　　　問四

問五

問六

問七

問八

問九　　　〜

問十

算数解答用紙

受験番号	分計点
	※100点満点 (配点非公表)

1

(1)①	(1)②	(1)③	(1)④

(2) 秒	(3)① cm²	(3)② cm²
(4) cm³	(5) 通り	(6) 個 毎分

2

(1) 番	(2) 番	(3) 番

3

(1) %	(2) %	(3) :

4

(1) 回転	(2) 回転	(3)

5

(1)	(2) 番目	(3)

6

(1) cm	(2) cm	(3) cm

理科解答用紙

受験番号	合計点
	※50点満点 （配点非公表）

1

問1	（1）　　　　　（5）	問2	（2）　　　　　（3）
問3			
問4			
問5			

2

問1	（1）　　　　　　　　m/秒	（2）　　　　　　　　秒
問2	（1）　　　　　　　　m/秒	（2）　　　　　　　　m/秒

3

問1	（1）　　　　　（2）　　　　　（4）	
問2		
問3		
問4	g	問5

4

問1		問2	
問3		問4	
問5		問6	

社会解答用紙

受験番号	合計点

※50点満点
（配点非公表）

1

問1	問2	問3	
		（1）	（2）

問4	問5	
	（1）	（2）

2

問1		問2	
（1）	（2）	（1）	（2）

問2
（3）

3

問1	問2	問3	問4	
			（1）	（2）

問4	問5	問6	問7
（3）			→　　　→　　　→

問8	問9	問10	

問11		問12
（1）	（2）記号　　　地名	

4

問1	問2			問3
	A	B	C	

問4

問5	
（1）	（2）

福　岡　県

- ① [国立] 福岡教育大学附属中学校
  （福岡・小倉・久留米）
- ② [県立] 育　徳　館　中　学　校
  門　司　学　園　中　学　校
  宗　像　中　学　校
  嘉穂高等学校附属中学校
  輝　翔　館　中　等　教　育　学　校
- ③ 西　南　学　院　中　学　校
- ④ 上　智　福　岡　中　学　校
- ⑤ 福　岡　女　学　院　中　学　校
- ⑥ 福　岡　雙　葉　中　学　校
- ⑦ 照　曜　館　中　学　校
- ⑧ 筑　紫　女　学　園　中　学　校
- ⑨ 敬　愛　中　学　校
- ⑩ 久留米大学附設中学校
- ⑪ 飯　塚　日　新　館　中　学　校
- ⑫ 明　治　学　園　中　学　校
- ⑬ 小　倉　日　新　館　中　学　校
- ⑭ 久　留　米　信　愛　中　学　校
- ⑮ 中　村　学　園　女　子　中　学　校
- ⑯ 福岡大学附属大濠中学校
- ⑰ 筑　陽　学　園　中　学　校
- ⑱ 九州国際大学付属中学校
- ⑲ 博　多　女　子　中　学　校
- ⑳ 東福岡自彊館中学校
- ㉑ 八　女　学　院　中　学　校

佐　賀　県

- ① [県立] 香　楠　中　学　校
  致　遠　館　中　学　校
  唐　津　東　中　学　校
  武　雄　青　陵　中　学　校
- ② 弘　学　館　中　学　校
- ③ 東　明　館　中　学　校
- ④ 佐　賀　清　和　中　学　校
- ⑤ 成　穎　中　学　校
- ⑥ 早　稲　田　佐　賀　中　学　校

長　崎　県

- ① [県立] 長　崎　東　中　学　校
  佐　世　保　北　中　学　校
  諫早高等学校附属中学校
- ② 青　雲　中　学　校
- ③ 長　崎　南　山　中　学　校
- ④ 長　崎　日　本　大　学　中　学　校
- ⑤ 海　星　中　学　校

熊　本　県

- ① [県立] 玉名高等学校附属中学校
  宇　土　中　学　校
  八　代　中　学　校
- ② 真　和　中　学　校
- ③ 九　州　学　院　中　学　校
- ④ ルーテル学院中学校
- ⑤ 熊本信愛女学院中学校
- ⑥ 熊本マリスト学園中学校
- ⑦ 熊本学園大学付属中学校

大　分　県

- ① [県立] 大　分　豊　府　中　学　校
- ② 岩　田　中　学　校

宮　崎　県

- ① [県立] 五ヶ瀬中等教育学校
- ② [県立] 宮崎西高等学校附属中学校
  都城泉ヶ丘高等学校附属中学校
- ③ 宮　崎　日　本　大　学　中　学　校
- ④ 日　向　学　院　中　学　校
- ⑤ 宮　崎　第　一　中　学　校

鹿　児　島　県

- ① [県立] 楠　隼　中　学　校
- ② [市立] 鹿児島玉龍中学校
- ③ 鹿児島修学館中学校
- ④ ラ・サール中学校
- ⑤ 志　學　館　中　等　部

沖　縄　県

- ① [県立] 与勝緑が丘中学校
  開　邦　中　学　校
  球　陽　中　学　校
  名護高等学校附属桜中学校

もっと過去問シリーズ

北　海　道

北嶺中学校
　7年分（算数・理科・社会）

静　岡　県

静岡大学教育学部附属中学校
（静岡・島田・浜松）
　10年分（算数）

愛　知　県

愛知淑徳中学校
　7年分（算数・理科・社会）
東海中学校
　7年分（算数・理科・社会）
南山中学校男子部
　7年分（算数・理科・社会）

南山中学校女子部
　7年分（算数・理科・社会）
滝中学校
　7年分（算数・理科・社会）
名古屋中学校
　7年分（算数・理科・社会）

岡　山　県

岡山白陵中学校
　7年分（算数・理科）

広　島　県

広島大学附属中学校
　7年分（算数・理科・社会）
広島大学附属福山中学校
　7年分（算数・理科・社会）
広島学院中学校
　7年分（算数・理科・社会）
広島女学院中学校
　7年分（算数・理科・社会）
修道中学校
　7年分（算数・理科・社会）
ノートルダム清心中学校
　7年分（算数・理科・社会）

愛　媛　県

愛光中学校
　7年分（算数・理科・社会）

福　岡　県

福岡教育大学附属中学校
（福岡・小倉・久留米）
　7年分（算数・理科・社会）
西南学院中学校
　7年分（算数・理科・社会）
久留米大学附設中学校
　7年分（算数・理科・社会）
福岡大学附属大濠中学校
　7年分（算数・理科・社会）

佐　賀　県

早稲田佐賀中学校
　7年分（算数・理科・社会）

長　崎　県

青雲中学校
　7年分（算数・理科・社会）

鹿　児　島　県

ラ・サール中学校
　7年分（算数・理科・社会）

※もっと過去問シリーズは
　国語の収録はありません。

 教英出版

〒422-8054
静岡県静岡市駿河区南安倍3丁目12−28
TEL 054-288-2131
FAX 054-288-2133
詳しくは教英出版で検索
教英出版　[検索]
URL https://kyoei-syuppan.net/

④[府立]富田林中学校
⑤[府立]咲くやこの花中学校
⑥[府立]水都国際中学校
⑦清風中学校
⑧高槻中学校（Ａ日程）
⑨高槻中学校（Ｂ日程）
⑩明星中学校
⑪大阪女学院中学校
⑫大谷中学校
⑬四天王寺中学校
⑭帝塚山学院中学校
⑮大阪国際中学校
⑯大阪桐蔭中学校
⑰開明中学校
⑱関西大学第一中学校
⑲近畿大学附属中学校
⑳金蘭千里中学校
㉑金光八尾中学校
㉒清風南海中学校
㉓帝塚山学院泉ヶ丘中学校
㉔同志社香里中学校
㉕初芝立命館中学校
㉖関西大学中等部
㉗大阪星光学院中学校

兵庫県
①[国立]神戸大学附属中等教育学校
②[県立]兵庫県立大学附属中学校
③雲雀丘学園中学校
④関西学院中学部
⑤神戸女学院中学部
⑥甲陽学院中学校
⑦甲南中学校
⑧甲南女子中学校
⑨灘中学校
⑩親和中学校
⑪神戸海星女子学院中学校
⑫滝川中学校
⑬啓明学院中学校
⑭三田学園中学校
⑮淳心学院中学校
⑯仁川学院中学校
⑰六甲学院中学校
⑱須磨学園中学校（第1回入試）
⑲須磨学園中学校（第2回入試）
⑳須磨学園中学校（第3回入試）
㉑白陵中学校

㉒夙川中学校

奈良県
①[国立]奈良女子大学附属中等教育学校
②[国立]奈良教育大学附属中学校
③[県立]｛国際中学校／青翔中学校｝
④[市立]一条高等学校附属中学校
⑤帝塚山中学校
⑥東大寺学園中学校
⑦奈良学園中学校
⑧西大和学園中学校

和歌山県
①[県立]｛古佐田丘中学校／向陽中学校／桐蔭中学校／日高高等学校附属中学校／田辺中学校｝
②智辯学園和歌山中学校
③近畿大学附属和歌山中学校
④開智中学校

岡山県
①[県立]岡山操山中学校
②[県立]倉敷天城中学校
③[県立]岡山大安寺中等教育学校
④[県立]津山中学校
⑤岡山中学校
⑥清心中学校
⑦岡山白陵中学校
⑧金光学園中学校
⑨就実中学校
⑩岡山理科大学附属中学校
⑪山陽学園中学校

広島県
①[国立]広島大学附属中学校
②[国立]広島大学附属福山中学校
③[県立]広島中学校
④[県立]三次中学校
⑤[県立]広島叡智学園中学校
⑥[市立]広島中等教育学校
⑦[市立]福山中学校
⑧広島学院中学校
⑨広島女学院中学校
⑩修道中学校

⑪崇徳中学校
⑫比治山女子中学校
⑬福山暁の星女子中学校
⑭安田女子中学校
⑮広島なぎさ中学校
⑯広島城北中学校
⑰近畿大学附属広島中学校福山校
⑱盈進中学校
⑲如水館中学校
⑳ノートルダム清心中学校
㉑銀河学院中学校
㉒近畿大学附属広島中学校東広島校
㉓ＡＩＣＪ中学校
㉔広島国際学院中学校
㉕広島修道大学ひろしま協創中学校

山口県
①[県立]｛下関中等教育学校／高森みどり中学校｝
②野田学園中学校

徳島県
①[県立]｛富岡東中学校／川島中学校／城ノ内中等教育学校｝
②徳島文理中学校

香川県
①大手前丸亀中学校
②香川誠陵中学校

愛媛県
①[県立]｛今治東中等教育学校／松山西中等教育学校｝
②愛光中学校
③済美平成中等教育学校
④新田青雲中等教育学校

高知県
①[県立]｛安芸中学校／高知国際中学校／中村中学校｝

神奈川県

- ①[県立] 相模原中等教育学校／平塚中等教育学校
- ②[市立] 南高等学校附属中学校
- ③[市立] 横浜サイエンスフロンティア高等学校附属中学校
- ④[市立] 川崎高等学校附属中学校
- ★⑤ 聖光学院中学校
- ★⑥ 浅野中学校
- ⑦ 洗足学園中学校
- ⑧ 法政大学第二中学校
- ⑨ 逗子開成中学校（1次）
- ⑩ 逗子開成中学校（2・3次）
- ⑪ 神奈川大学附属中学校（第1回）
- ⑫ 神奈川大学附属中学校（第2・3回）
- ⑬ 栄光学園中学校
- ⑭ フェリス女学院中学校

新潟県

- ①[県立] 村上中等教育学校／柏崎翔洋中等教育学校／燕中等教育学校／津南中等教育学校／直江津中等教育学校／佐渡中等教育学校
- ②[市立] 高志中等教育学校
- ③ 新潟第一中学校
- ④ 新潟明訓中学校

石川県

- ①[県立] 金沢錦丘中学校
- ② 星稜中学校

福井県

- ①[県立] 高志中学校

山梨県

- ① 山梨英和中学校
- ② 山梨学院中学校
- ③ 駿台甲府中学校

長野県

- ①[県立] 屋代高等学校附属中学校／諏訪清陵高等学校附属中学校
- ②[市立] 長野中学校

岐阜県

- ① 岐阜東中学校
- ② 鶯谷中学校
- ③ 岐阜聖徳学園大学附属中学校

静岡県

- ①[国立] 静岡大学教育学部附属中学校（静岡・島田・浜松）
- ②[県立] 清水南高等学校中等部／[県立] 浜松西高等学校中等部／[市立] 沼津高等学校中等部
- ③ 不二聖心女子学院中学校
- ④ 日本大学三島中学校
- ⑤ 加藤学園暁秀中学校
- ⑥ 星陵中学校
- ⑦ 東海大学付属静岡翔洋高等学校中等部
- ⑧ 静岡サレジオ中学校
- ⑨ 静岡英和女学院中学校
- ⑩ 静岡雙葉中学校
- ⑪ 静岡聖光学院中学校
- ⑫ 静岡学園中学校
- ⑬ 静岡大成中学校
- ⑭ 城南静岡中学校
- ⑮ 静岡北中学校
- ⑯ 常葉大学附属常葉中学校／常葉大学附属橘中学校／常葉大学附属菊川中学校
- ⑰ 藤枝明誠中学校
- ⑱ 浜松開誠館中学校
- ⑲ 静岡県西遠女子学園中学校
- ⑳ 浜松日体中学校
- ㉑ 浜松学芸中学校

愛知県

- ①[国立] 愛知教育大学附属名古屋中学校
- ② 愛知淑徳中学校
- ③ 名古屋経済大学市邨中学校／名古屋経済大学高蔵中学校
- ④ 金城学院中学校
- ⑤ 椙山女学園中学校
- ⑥ 東海中学校
- ⑦ 南山中学校男子部
- ⑧ 南山中学校女子部
- ⑨ 聖霊中学校
- ⑩ 滝中学校
- ⑪ 名古屋中学校
- ⑫ 大成中学校
- ⑬ 愛知中学校
- ⑭ 星城中学校
- ⑮ 名古屋葵大学中学校（名古屋女子大学中学校）
- ⑯ 愛知工業大学名電中学校
- ⑰ 海陽中等教育学校（特別給費生）
- ⑱ 海陽中等教育学校（Ⅰ・Ⅱ）
- ⑲ 中部大学春日丘中学校
- 新刊⑳ 名古屋国際中学校

三重県

- ①[国立] 三重大学教育学部附属中学校
- ② 暁中学校
- ③ 海星中学校
- ④ 四日市メリノール学院中学校
- ⑤ 高田中学校
- ⑥ セントヨゼフ女子学園中学校
- ⑦ 三重中学校
- ⑧ 皇學館中学校
- ⑨ 鈴鹿中等教育学校
- ⑩ 津田学園中学校

滋賀県

- ①[国立] 滋賀大学教育学部附属中学校
- ②[県立] 河瀬中学校／守山中学校／水口東中学校

京都府

- ①[国立] 京都教育大学附属桃山中学校
- ②[府立] 洛北高等学校附属中学校
- ③[府立] 園部高等学校附属中学校
- ④[府立] 福知山高等学校附属中学校
- ⑤[府立] 南陽高等学校附属中学校
- ⑥[市立] 西京高等学校附属中学校
- ⑦ 同志社中学校
- ⑧ 洛星中学校
- ⑨ 洛南高等学校附属中学校
- ⑩ 立命館中学校
- ⑪ 同志社国際中学校
- ⑫ 同志社女子中学校（前期日程）
- ⑬ 同志社女子中学校（後期日程）

大阪府

- ①[国立] 大阪教育大学附属天王寺中学校
- ②[国立] 大阪教育大学附属平野中学校
- ③[国立] 大阪教育大学附属池田中学校

教英出版 2025年春受験用 中学入試問題集

学校別問題集
★はカラー問題対応

北 海 道
① [市立]札幌開成中等教育学校
② 藤 女 子 中 学 校
③ 北 嶺 中 学 校
④ 北 星 学 園 女 子 中 学 校
⑤ 札 幌 大 谷 中 学 校
⑥ 札 幌 光 星 中 学 校
⑦ 立 命 館 慶 祥 中 学 校
⑧ 函 館 ラ・サール 中 学 校

青 森 県
① [県立]三本木高等学校附属中学校

岩 手 県
① [県立]一関第一高等学校附属中学校

宮 城 県
① [県立]宮城県古川黎明中学校
② [県立]宮城県仙台二華中学校
③ [市立]仙台青陵中等教育学校
④ 東 北 学 院 中 学 校
⑤ 仙 台 白 百 合 学 園 中 学 校
⑥ 聖ウルスラ学院英智中学校
⑦ 宮 城 学 院 中 学 校
⑧ 秀 光 中 学 校
⑨ 古 川 学 園 中 学 校

秋 田 県
① [県立]　大館国際情報学院中学校
　　　　　秋田南高等学校中等部
　　　　　横手清陵学院中学校

山 形 県
① [県立]　東桜学館中学校
　　　　　致道館中学校

福 島 県
① [県立]　会津学鳳中学校
　　　　　ふたば未来学園中学校

茨 城 県
① [県立]　日立第一高等学校附属中学校
　　　　　太田第一高等学校附属中学校
　　　　　水戸第一高等学校附属中学校
　　　　　鉾田第一高等学校附属中学校
　　　　　鹿島高等学校附属中学校
　　　　　土浦第一高等学校附属中学校
　　　　　竜ヶ崎第一高等学校附属中学校
　　　　　下館第一高等学校附属中学校
　　　　　下妻第一高等学校附属中学校
　　　　　水海道第一高等学校附属中学校
　　　　　勝田中等教育学校
　　　　　並木中等教育学校
　　　　　古河中等教育学校

栃 木 県
① [県立]　宇都宮東高等学校附属中学校
　　　　　佐野高等学校附属中学校
　　　　　矢板東高等学校附属中学校

群 馬 県
① [県立]中央中等教育学校
　[市立]四ツ葉学園中等教育学校
　[市立]太 田 中 学 校

埼 玉 県
① [県立]伊 奈 学 園 中 学 校
② [市立]浦 和 中 学 校
③ [市立]大宮国際中等教育学校
④ [市立]川口市立高等学校附属中学校

千 葉 県
① [県立]　千 葉 中 学 校
　　　　　東 葛 飾 中 学 校
② [市立]稲毛国際中等教育学校

東 京 都
① [国立]筑波大学附属駒場中学校
② [都立]白鷗高等学校附属中学校
③ [都立]桜修館中等教育学校
④ [都立]小石川中等教育学校
⑤ [都立]両国高等学校附属中学校
⑥ [都立]立川国際中等教育学校
⑦ [都立]武蔵高等学校附属中学校
⑧ [都立]大泉高等学校附属中学校
⑨ [都立]富士高等学校附属中学校
⑩ [都立]三 鷹 中 等 教 育 学 校
⑪ [都立]南 多 摩 中 等 教 育 学 校
⑫ [区立]九 段 中 等 教 育 学 校
⑬ 開 成 中 学 校
⑭ 麻 布 中 学 校
⑮ 桜 蔭 中 学 校
⑯ 女 子 学 院 中 学 校
★⑰ 豊島岡女子学園中学校
⑱ 東京都市大学等々力中学校
⑲ 世 田 谷 学 園 中 学 校
★⑳ 広尾学園中学校（第2回）
★㉑ 広尾学園中学校（医進・サイエンス回）
㉒ 渋谷教育学園渋谷中学校（第1回）
㉓ 渋谷教育学園渋谷中学校（第2回）
㉔ 東京農業大学第一高等学校中等部
　　（2月1日 午後）
㉕ 東京農業大学第一高等学校中等部
　　（2月2日 午後）

■ ご使用にあたってのお願い・ご注意

（1）問題文等の非掲載

　著作権上の都合により，問題文や図表などの一部を掲載できない場合があります。

　誠に申し訳ございませんが，ご了承くださいますようお願いいたします。

（2）過去問における時事性

　過去問題集は，学習指導要領の改訂や社会状況の変化，新たな発見などにより，現在とは異なる表記や解説になっている場合があります。過去問の特性上，出題当時のままで出版していますので，あらかじめご了承ください。

（3）配点

　学校等から配点が公表されている場合は，記載しています。公表されていない場合は，記載していません。

　独自の予想配点は，出題者の意図と異なる場合があり，お客様が学習するうえで誤った判断をしてしまう恐れがあるため記載していません。

（4）無断複製等の禁止

　購入された個人のお客様が，ご家庭でご自身またはご家族の学習のためにコピーをすることは可能ですが，それ以外の目的でコピー，スキャン，転載（ブログ，ＳＮＳなどでの公開を含みます）などをすることは法律により禁止されています。学校や学習塾などで，児童生徒のためにコピーをして使用することも法律により禁止されています。

　ご不明な点や，違法な疑いのある行為を確認された場合は，弊社までご連絡ください。

（5）けがに注意

　この問題集は針を外して使用します。針を外すときは，けがをしないように注意してください。また，表紙カバーや問題用紙の端で手指を傷つけないように十分注意してください。

（6）正誤

　制作には万全を期しておりますが，万が一誤りなどがございましたら，弊社までご連絡ください。

　なお，誤りが判明した場合は，弊社ウェブサイトの「ご購入者様のページ」に掲載しておりますので，そちらもご確認ください。

■ お問い合わせ

　解答例，解説，印刷，製本など，問題集発行におけるすべての責任は弊社にあります。

　ご不明な点がございましたら，弊社ウェブサイトの「お問い合わせ」フォームよりご連絡ください。迅速に対応いたしますが，営業日の都合で回答に数日を要する場合があります。

　ご入力いただいたメールアドレス宛に自動返信メールをお送りしています。自動返信メールが届かない場合は，「よくある質問」の「メールの問い合わせに対し返信がありません。」の項目をご確認ください。

　また弊社営業日（平日）は，午前９時から午後５時まで，電話でのお問い合わせも受け付けています。

=2025 春

株式会社教英出版

〒422-8054　静岡県静岡市駿河区南安倍３丁目 12-28

TEL　054-288-2131　　FAX　054-288-2133

URL　https://kyoei-syuppan.net/

MAIL　siteform@kyoei-syuppan.net

教英出版　2025　12 の 1　鴬谷中